HENRI MICHAUX

Qui je fus

précédé de

Les Rêves et la Jambe, Fables des origines

et autres textes

Préface de Bernard Noël

ÉDITION DE RAYMOND BELLOUR,
AVEC YSÉ TRAN

GALLIMARD

La ligne du pli

« un *espace du dedans* qui sera tout entier co-présent à l'espace du dehors sur la ligne du pli… »

GILLES DELEUZE.

Certes, Henry n'est pas encore Henri bien qu'il soit déjà tout Michaux : pourquoi donc est-il congédié au profit du second ? La raison n'est pas dite. Il se peut que Michaux ait éprouvé quelque embarras à presser l'allure avec ce jambage unique. Imaginez un homme lancé sur une seule échasse alors que, fermement, il veut ne rien devoir à l'équilibre… Cet homme-là retire promptement son « y » mais sans oublier de noter qu'il a, enfant, prié Dieu qui, en Son sixième jour, distribuait à chacun les jambes par paires, de ne lui en donner qu'une seule. Le désir d'être moins bien servi que tous les autres est une posture morale assez peu répandue : elle incite au retranchement, à la fermeté, bref à la concision.

On trouvera sans doute, en lisant ces premiers écrits, qu'Henry n'avait guère d'ablation à subir pour faire aussi bien qu'Henri, mais la volonté du second a tranché tant que sa qualité d'unique vivant lui permettait de prévaloir. Mais l'effacement de l'origine est *sans doute un mouvement naturel car aussi haut qu'on remonte vers la source, elle n'est jamais en vue. Maintenant, que la mort place à égalité Henry et Henri, il paraît significatif — et non moins surprenant — que l'œuvre principale rejetée par le second, en même temps qu'il en faisait le tombeau du premier, se soit justement intitulée* Qui je fus.

Cependant, dès qu'on va y voir, rien de plus vif que ces pages ensevelies dans le passé, si bien qu'on s'enchante à y découvrir dans un état de verdeur, cette invention qui, de tous les genres : essai, récit, poème, ne fait qu'un pour les avoir gratifiés tous, et comme à la légère, d'un fleurissement aussi nuancé que subtil. Le mot « grâce » conviendrait à ces inflexions qui miroitent sans exploiter jamais leur séduction, tant chaque phrase coupe court à ses postures, parfois même d'une proposition à l'autre. Ce n'est pas le lieu des grandes arabesques, qui prennent le lecteur au lasso, mais des éclats successifs, infatigables dans l'invention et dans le renouvellement.

L'invention ne se capitalise pas : elle dépense au fur et à mesure toute l'énergie qu'elle développe et trouve sa relance dans le mouvement. C'est là que le « y » joue son rôle de bascule, qui transforme la claudication en exercice du saut et en tenue du souffle toujours à bout de langue. Il y a dans cette économie de l'extrême une volonté de réduction de la littérature à son motif profond : elle entraînera dans l'état civil le passage du « y » au « i » et, dans l'écriture, une exploration de ce qui reste abandonné au pied de la lettre et oriente un retour du mot vers la chose. « J'ai essayé de dire quelques choses » est-il déclaré dès le début du premier livre, Les Rêves et la Jambe.

D'où ces réflexions désarmantes d'évidence : « Une

*main qui écrit n'écrit pas comme le ferait un œil, une
oreille ou la tête mais elle doit faire oublier cette inca-
pacité. » Ou encore : « La jambe est intelligente. Toute
chose l'est. Mais elle ne réfléchit pas comme un homme.
Elle réfléchit comme une jambe. » Nul n'avait encore
tenu des raisonnements de ce genre, et nul donc n'était
encore parvenu à la conclusion que : « La logique d'un
morceau d'homme est absurde pour l'homme total. »*

Il est vite clair que cette logique-là est infiniment
décapante, et pas seulement parce qu'elle rajeunit la
raison : elle gagne de proche en proche la pensée,
l'émotion, la langue à peu près comme un fluide
innerve, pénètre et se répand. En apparence, voici des
phrases normalement construites, y compris dans leur
accélération, et qui pas même ne se donnent l'air de
devoir leur vitesse à une quelconque libération, mais
comparez-les à présent à leurs contemporaines, et vous
verrez qu'aucune mode ne date leur vivacité. Elles
sont nettes, précises et vont de l'avant avec simplicité.
La surprise qu'elles suscitent n'est pas due par consé-
quent à l'une de ces constructions qui font école et sont
tellement pratiques pour le classement.

On dirait, une fois que le temps est passé sur elles,
que les avant-gardes ont eu pour stratégie, non pas la
volonté de pérenniser les actes révolutionnaires qui
les motivaient, mais d'en faire les traits historiques
capables de leur garantir un chapitre dans les futurs
manuels de littérature. Rien de plus rentable pour l'ex-
ploitation immédiate que le travail sur les caractères
extérieurs alors que le travail interne passe inaperçu
parce qu'il doit sa nouveauté à une continuité qu'il
faut connaître dans son ensemble. On ne doute pas
aujourd'hui de l'originalité de Kafka, de Borges ou de
Michaux mais furent-ils en leur temps autre chose que

des marginaux ? Leur œuvre n'a jamais tenté de prendre le pas sur leurs contemporains par des moyens apparents : elle est allée jusqu'au bout de sa nécessité sans le moindre tapage. Cela crève les yeux dans le cas d'Henri Michaux dont le parcours a duré soixante années sans que la rectitude en soit un instant troublée par la suite des avant-gardes qui, du surréalisme à Tel Quel, n'ont cessé d'occuper le terrain.

Il est presque dérangeant de constater maintenant la vanité de toutes ces machineries et machinations littéraires au regard de la singularité naturelle de Michaux. On se dit que, d'emblée, ce diable d'Henry a su faire l'économie du superflu quand ses contemporains — par ailleurs fort doués eux aussi — dépensaient beaucoup de leurs jeunes forces en exercices finalement mondains. La différence n'est pas due à une propension à la solitude : elle procède d'une lucidité tranquille à laquelle quatre mots suffisent pour ce jugement définitif : « L'automatisme est de l'incontinence. »

Henry, à ce moment-là, partage pourtant certains territoires avec les surréalistes. Lui, si peu expansif quand il parle en son nom, va jusqu'à proclamer : « ... entre le merveilleux et quoi que ce soit, je n'hésite pas. Vive le merveilleux ! » Il a noté auparavant qu'il y a deux réalités (« le panorama autour de votre tête, le panorama dans votre tête ») et deux réalismes : « la description du panorama autour de la tête et la description du panorama dans la tête ». La distinction est significative de la manière dont Henry va directement à l'évidence. Et c'est à partir de l'évidence et en s'y tenant qu'il contemple « le panorama dans la tête » et tâche de l'explorer : il le baptisera « l'espace du dedans », et pour bien montrer qu'il s'agit de son lieu personnel, il fera de cette expression le titre sous lequel, en 1944, un choix est prélevé par lui à travers l'ensemble de ses livres. Il a rencontré dans cet espace des paysages fabuleux et des êtres aussi obsédants que les Émanglons, les Gaurs et les Hivinizikis. Il rapporte toutes ces rencontres dans un réalisme sobre qui les établit dans le naturel. D'ailleurs fait-il comprendre, si le merveilleux est présenté à l'avance comme tel, il n'offre au lecteur prévenu que son aspect le plus superficiel.

L'originalité formelle tourne vite au byzantinisme ou bien exploite sa propre répétition. De Baudelaire à Michaux en passant par Mallarmé, Daumal et Pierre Jean Jouve, l'originalité interne est le résultat de la constance dans la poursuite d'un but qui ne vise pas la réussite. Cela comporte une tenue imperturbable et un recours sans illusion à cela qui, par défaut, risque de vous valoir une place dans l'histoire. La chose, en particulier à propos de Michaux, peut s'énoncer dans cette proposition paradoxale : comment écrire sans être un écrivain ? Ou dans cette autre : comment être un saint sans adhérer à aucune croyance sanctificatrice ? Et l'on pourrait aller jusqu'à celle-ci : comment vivre sans être un vivant illusionné par son état ?

Tout cela procède d'un malaise fondamental transformé en insatisfaction créatrice, qui pousse Henry à avouer : « Je suis né troué. » Puis à remarquer avec plus de distance : « L'homme est une âme à qui il est arrivé un accident. » Celui qui en est là, alors qu'il se trouve au commencement, ne saurait pratiquer l'écriture comme s'il se lançait dans une carrière, et cependant le voilà qui publie des livres, qui rencontre l'estime d'écrivains patentés et celle d'un grand éditeur. Cette situation fait débuter l'écriture sur un porte-à-faux : elle est celle de toute la génération de Michaux, mais les autres opèrent un rétablissement tandis qu'il explore, lui, ce déséqui-

libre et y trouve un ressort. L'étrange est qu'il ne s'en tient pas moins au rebours de toute acceptation, mais ne représente-t-il pas celui qui ne saurait accepter d'accepter ?

Conséquence, au lieu de s'affirmer, il se cherche et ne se rencontre pas. Le UN est une fiction : une fiction qui passe pour une réalité parce que cela arrange tout le monde. Qui-je-fus a existé mais loin d'être un, il fut deux, trois et formerait à lui tout seul une foule si Henry avait assez d'oreilles, assez de bouches. Quant à sa main, elle n'arrive pas à suivre. Tant pis, cette mêlée restera derrière l'écriture, et l'identité ne s'en relèvera pas.

La main, toutefois, en gardera un regret, quelque chose comme une blessure invisible, ou peut-être un remords : le remords de ne pas écrire comme le feraient un œil, un nez, une langue, aussi n'en finira-t-elle plus de s'agiter dans ses limites avant d'essayer bientôt toutes les poses de la gestualité. Dans le morceau d'homme qu'elle est, elle a compris que, fatalement multiple, elle n'est pas à même d'être multiple à la fois. Chacun est condamné au successif, donc au glissement, à la chute en soi, et quelle illusion que le face à face : on y tombe à l'intérieur si bien que ce n'est jamais le même qui est là, sous le visage.

Henry a cru, un moment, que le roman lui permettrait d'épouser cet entraînement perpétuel, comme si la prose pouvait dérouler dans la main le panorama qui est dans la tête. Pas moyen de savoir lequel des Qui-je-fus a consumé ce projet puisqu'un Qui-je-fus s'exprime comme un Autre bien qu'ils n'arrivent pas à s'unifier. Une fois écrite, leur différence devient imperceptible dans le livre, car tout successif qu'il soit, un livre forme à la fin un tout : c'est un pot où l'auteur s'est fourré lui-même, histoire de se déposer quelque part. Mais à peine est-il dedans qu'il est encore dehors, et occupé déjà à regarder son avant-dernier avatar rabattre le couvercle.

On imagine bien la terrible violence de ce rabattement : c'est la séquestration de l'âme dans une boîte à mots. Le spolié se jette contre la paroi et, croyant la briser, dirige ses coups contre lui-même. Ainsi débute « Le Grand Combat » :

> Il le rague et le roupète jusqu'à son drâle,
> Il le pratèle et le libucque et lui barufle les ouillais.
> Il le tocarde et le marmine,
> Le manage rape à ri et ripe à ra.

Faut-il s'étonner que les coups ne fassent pleuvoir que des syllabes ? C'est que la chose après tout se passe dans un livre, ou que le livre est pour elle l'espace convenable parce que le transfert du corps à la page est, pour l'âme, préférable à n'importe quel autre empotement. Pour en être sûr, il faudrait bien sûr que la question des rapports de l'âme et de l'écriture ait été résolue, mais est-il un meilleur dehors pour l'espace du dedans ?

Et puis l'âme, on en aurait plein la bouche si, de temps en temps, on n'en soufflait pas ces parties qui sont des mouvements ou des paysages intérieurs. Pourquoi écrire ? sinon pour ranger tous ces morceaux soufflés en leur donnant la forme la moins encombrante et qui, de plus, peut s'envoler dans un regard (le regard : cet « organe divin de préhension »). Le dérangeant est de voir combien Henry fait naturellement bien ce ménage, avec l'angoisse et l'humour qu'il faut pour décoller exactement l'expression de son auteur, et combien

cependant son mérite n'est pas reconnu par cet Henri
— son double — qui, non content de couper son jam-
bage, fera tout pour l'enterrer avec, et qu'on l'oublie.

Qu'on l'oublie lui et ses œuvres... Certains n'ai-
ment pas leurs débuts, d'autres, tout simplement,
prennent leurs distances, et zut ! que disparaisse tout
ce qui n'a pas suivi. Entre Henry et Henri, Michaux a
beaucoup voyagé. Le premier livre qu'il signe en « i »
a une fraîcheur étonnante : elle réalise la parfaite
fusion du « panorama autour de la tête » et du « pano-
rama dans la tête » avec un allant jamais vu. Peut-être
s'en est-il suivi l'impression qu'ainsi tout commençait
vraiment. Nous savons que le « i » est en soi le cri ori-
ginel : il déchire l'air et y ouvre LA porte.

Quelques pages de Qui je fus *ont été reprises au*
commencement de L'Espace du dedans *et furent*
contresignées « Henri ». Il est frappant d'y trouver des
« Poèmes », et justement ceux qui frappaient déjà vis-
à-vis du présent et du passé de la poésie. Le premier
s'intitule « Glu et Gli », écoutez le début :

> et glo
> et glu
> et déglutit sa bru
> gli et glo
> et déglutit son pied
> glu et gli
> et s'englugliglolera

N'est-ce pas une façon fort abrupte de débuter en
poésie ? Cet Henri qui, dans quelques années, intitu-
lera son deuxième panorama de voyage Un barbare
en Asie *fut bien auparavant un barbare en poésie. Et*
n'est-ce pas pour rappeler avec quel mauvais genre il

fit son entrée dans le genre poétique qu'il a mis ces pages en tête de son choix ? Le poème est ici à peu près dans l'état du beefsteak tel que le consommaient les Huns après l'avoir fait mijoter à cru sous leur selle : il a conservé tous les nerfs bien à vif pour cingler la langue.

La crudité verbale provoque la formation d'une nouvelle physiologie qui, sans chipoter, en assimile l'énergie. Tout contribue à l'élan : émotion, pensée, accélération, mais il ne faut pas se tromper sur la qualité de la vitesse car elle doit pouvoir défoncer la syntaxe aussi bien que la frôler en douceur. Au fond, tout cela carbure à la syllabe, qui tantôt tombe dru et tantôt plicploque comme pour vous inviter à compter ses pieds. Ah quel métier ! s'exclame l'auteur avant d'ajouter à contre-séduction : On se dorlote avec ses rôts... Le lecteur peut ôter son savoir-vivre : il a enfin rencontré quelqu'un qui n'enjolive pas la recherche du Grand Secret.

Bernard Noël

NOTE DE L'ÉDITEUR

Cette édition de *Qui je fus* précédé de *Les Rêves et la Jambe*, *Fables des origines* et autres textes reprend partiellement les notes établies pour l'édition du premier tome des *Œuvres complètes* d'Henri Michaux dans la « Bibliothèque de la Pléiade ». L'appareil critique tel qu'il apparaît désormais a été réalisé par nos soins avec l'accord de Raymond Bellour et d'Ysé Tran. Par ailleurs, la publication récente des correspondances d'Henri Michaux avec Franz Hellens et Hermann Closson n'a pu être ici prise en compte.

Introduction

Dès l'instant où Michaux commence à écrire, en cet automne 1922 où paraît dans *Le Disque vert* son premier texte, « Cas de folie circulaire », des enjeux se précisent, qui ressortiront bien plus tard. Cela tient à la façon dont toute œuvre s'élabore, à rebours, plus elle s'étend, se propage, s'achève, plus on prend sa mesure. Cela tient aussi au fait que Michaux a choisi d'ignorer et de rendre peu accessibles presque tous ses textes antérieurs à 1928[1]. Cette exclusion s'étend même à son premier recueil important, *Qui je fus*, paru chez Gallimard en 1927. Michaux, qui s'accepte si peu, ne se reconnaît écrivain qu'à partir d'*Ecuador*.

Ce sont des textes comparables que Musil, se décidant à publier ses écrits de jeunesse dispersés dans des

---

1. De rares exceptions sont limitées à son livre anthologique, *L'Espace du dedans*, où figurent six textes de *Qui je fus*, et au *Choix de poèmes*, beaucoup plus tardif, qui en compte un.

journaux, choisit de nommer *Œuvres pré-posthumes* [1]. Par-delà l'ironie, témoignant d'un sens sûr de l'intimité entre l'écriture et la mort, Musil cherchait à ménager un espace propice à l'utopie de son grand livre interminable. Pour Michaux, qui ne s'est jamais assigné d'œuvre à parfaire, et n'a pas cru pouvoir par la force d'un livre transfigurer la mort, il s'est agi, plus simplement, d'écarter des textes dont la naïveté lui paraissait trop grande, peut-être d'oublier des années difficiles, d'apprentissage et de grande insécurité [2].

Ces textes, évidemment, ont été mentionnés, de façon partielle et flottante, dès les premières bibliographies ; puis ils ont été recensés avec exactitude. On les a même, pour une bonne part, un jour republiés contre le vœu de leur auteur [3]. On les a aussi invoqués, ici et là, et parfois commentés [4]. Mais ce sera pendant longtemps avec réserve, ou coquetterie. Cela témoigne que du vivant d'un écrivain son image se construit largement selon celle qu'il forge, quel que soit le désir de passer outre. Peu d'écrivains ont autant que Michaux à la fois dérobé, façonné et laissé flotter leur image. Porté avant tout à écrire de façon excessivement personnelle, il aura d'autant plus cherché, à travers bien

1. Le Seuil, 1965. La traduction littérale du titre original, *Nachlass zu Lebzeiten* (Zurich, Humanitas Verlag, 1936) serait « Œuvres posthumes du vivant de l'auteur ». Musil s'explique dans sa préface sur le rapport de ces textes avec *L'Homme sans qualités*.

2. Ce rejet a été progressif : *Les Rêves et la Jambe* figurera jusqu'en 1942, sur un mode discontinu, parmi les livres « du même auteur ». *Qui je fus* y sera en revanche toujours maintenu.

3. Sous le titre *Cas de folie circulaire* en 1952.

4. Par exemple, dans le *Cahier de l'Herne* (1966, rééd. 1983), Dora Rigo Bienaimé, « Des textes avant-coureurs », et Alain Bosquet, « Le Premier Livre d'Henri Michaux ».

des ruses et un art profond du retrait, à éluder le risque des images qu'on ne pouvait manquer de désirer lui arracher — comme cela arrive aux visages des « malfaiteurs » dans son pays de la magie[1]. Il a fallu la mort, et un temps de latence, pour que ces écrits de jeunesse trouvent leur place naturelle, dans le discours critique comme dans la publication : celle des « commencements[2] ».

Le jeune Henri Michaux publie ainsi, entre septembre 1922 et août 1927 où paraît *Qui je fus*, vingt-sept textes ou courts ensembles de textes, signés « Henry Michaux ». Les six derniers seront repris dans *Qui je fus*. Des vingt et un qui précèdent, trois seulement ont été insérés dans le recueil qui doit son titre au premier d'entre eux[3]. Ainsi se dessine une imbrication très vive entre une première série d'écrits publiés pendant près de quatre ans en revue ou sous forme de plaquettes, et la seconde série qui, en 1926-1927, précède de peu le recueil.

On ne connaît pas les raisons exactes qui ont alors poussé Michaux à rejeter la plupart de ses premiers textes quand il a cru possible de concevoir un livre. Sa vie durant, il ne cessera d'écarter des textes isolés confiés à des revues et des plaquettes publiées, souvent, chez de petits éditeurs. Bien que rarement avoués, les motifs de ces abandons sont parfois évidents ; ils sont en général voilés, indécidables. Mais le problème

---

1. *Ailleurs*, *Poésie*/Gallimard, p. 142.
2. Ainsi les nomme Jean-Pierre Martin, dans le second chapitre de son livre (*Henri Michaux, écritures de soi, expatriations*, José Corti, 1994), qui est le meilleur commentaire, très détaillé, consacré aux premiers écrits de Michaux.
3. Il s'agit de : « Les Idées philosophiques de Qui-je-fus », « Principes d'enfant », « Énigmes ».

est un peu différent, chez celui qui commence à écrire, cherche sa voie, ses voies, cherche à poser sa voix, qu'il sent lui-même une et si multiple. Il lui faut avant tout savoir qui on est, qui on devient dès qu'on s'adonne à cette activité étrange qui consiste à vivre en écrivant, à écrire sa vie en la vivant, à toujours risquer par là de l'écrire plus que de la vivre, et la vivre surtout d'une façon tout autre qu'on l'aurait cru ou désiré. On peut supposer que Michaux, avant d'avoir envers ces premiers textes le regard rétrospectif véhément, teinté d'un désir d'amnésie, qui deviendra le sien, les a jugés presque dès leur publication trop indigents pour entrer dans le dessein d'un recueil, censé exprimer avec une rigueur et une invention acceptables tout ce qu'il sent alors se bousculer en lui. Les excluant de son livre, Michaux porte d'emblée sur eux un jugement défavorable. Leur associant ensuite *Qui je fus* dans un même refus de republication, il fait de ces années qui précèdent son grand voyage en Équateur un moment singulier qu'il faut saisir comme une masse en formation.

La force de ces premiers écrits — serait-elle naïve — est de faire surgir ensemble une pluralité de voix. Les textes rassemblés dans *Qui je fus* feront entendre d'autres voix encore. En un sens, après ces deux ensembles voués à s'estomper, Michaux n'invente plus beaucoup de positions absolument nouvelles. À celles qu'il a suggérées et à demi conquises, il donnera corps et couleur, surface et profondeur, matière et abstraction, étendue et volume, mesure et démesure. Il apprendra à les lier et à les délier. Il saura surtout les reconvertir continuellement, au point que chaque fois elles sembleront neuves. Il s'enfoncera dans les conséquences d'une vie et d'une pensée qui n'arrêteront plus de se surprendre, en se nourrissant du corps qui les mène. Mais les positions intangibles, comme la plupart des notions qui les mettent en œuvre, sont presque toutes d'origine, dans leur fraîcheur incandescente, leur sauvagerie désarmante. Elles semblaient comme pré-imprimées chez le jeune homme inattendu que Franz Hellens sut accueillir si largement dans sa revue *Le Disque vert*, où il publiera presque tous les textes de Michaux jusqu'à la fin de 1925, l'appréciant au point de l'associer par trois fois à la direction des numéros spéciaux de la revue. De celui qu'il considérait comme le plus original des poètes du *Disque vert*, « esprit d'une personnalité absolue », en qui il sut pressentir « du Rimbaud » d'un genre indéfinissable, Hellens dira aussi, pour situer combien Michaux a échappé d'emblée à ceux qui auraient pu tenter de le saisir : « Il s'échappe à lui-même, j'imagine, car je ne pense pas qu'il ait pris le soin de s'organiser d'après des règles choisies[1]. »

Il y a un destin des premières phrases. La première phrase qu'écrit, ou que publie Michaux, les premiers mots qu'il lance dessinent une trajectoire appelée à

---

1. Franz Hellens, « Lettre de Belgique », *La Revue européenne*, novembre 1929, n° 11, p. 470. Il est frappant que dans leur ton même certains passages des rares lettres connues de Michaux à Hellens évoquent celui des fameuses lettres de Rimbaud à Georges Izambard. Il vaut aussi de citer Jean Maquet, lecteur avisé de Michaux : « Il n'y a que Rimbaud. Et il y a Michaux, c'est tout. Ils incarnent tous deux une réalité historique. Ils sont la clé de leur époque. Michaux a trouvé un compromis entre l'exigence de poésie et l'impossibilité de la poésie qui caractérisent notre temps. [...] En France c'est un fait, il n'y a que des poètes intelligents. Ou alors Hugo. Mais Michaux c'est un type qui empêche de vivre. Quand on le lit on ne passe pas ses examens » (Réponse à une enquête de Dominique Arban, « Chemins de la poésie », *Combat*, 23 mai 1947).

rouler à l'infini : « Un jour que Brâakadbar poursui-
vait le Créateur[1] »... Il y a ainsi un jour où tout com-
mence, où du récit s'accorde un droit d'exister, où un
conte, une épopée, un mythe, une légende, une fable,
une histoire entame son parcours de fiction. C'est un
événement, aussi ordinaire soit-il, et récurrent. Un
jour quelque chose survient. Et se raconte. Comme
presque tout chez Michaux se raconte. Quelque chose,
quelque part, arrive à quelqu'un. Le héros a ici un
nom, forgé ou emprunté, bricolé, on ne sait, comme
auront des noms beaucoup des créatures inventées par
Michaux, sa vie durant, pour s'allier à son nom, comme
à tous les pronoms que décline la langue. Enfin, cet
événement se rapporte à la Création. Ce jour-là Brâa-
kadbar poursuivait le Créateur, et Michaux entamait
en se jouant avec un sérieux terrible la minuscule mais
immense affaire de sa création.

La suite de ce premier épisode de « Cas de folie cir-
culaire » a l'intérêt de compliquer les relations entre le
héros et le Créateur par la présence de deux autres
entités ou protagonistes : d'un côté, « l'homme » (il
subit, comme le Créateur, les assauts furieux de Brâa-
kadbar) ; de l'autre, un « je » non localisé, une sorte de
narrateur-énonciateur qui s'immisce (dans une paren-
thèse il juge une affirmation — « du moins je le
pense » —, et ainsi la relativise). Les choses se dérou-
lent de sorte que se produisent entre Brâakadbar et ce
« je » un flottement aussi bien qu'un recouvrement, le
récit passant de la troisième personne minée par la
première à une première personne scindée. L'effet
devient plus vif quand l'homme s'y métamorphose en

---

1. « Cas de folie circulaire », p. 81 ; de même pour les cita-
tions qui suivent.

un « Lecteur ! » à qui le récit ainsi énoncé s'adresse avec une emphase ironique. La fiction se déprend d'elle-même en s'assurant, transformant d'autant plus les créatures mises en jeu en êtres de papier, avouant le processus de subjectivation qui la permet.

Dans la lutte mythique engagée entre Brâakadbar et le Créateur, l'homme est du côté de ce dernier, dont il loue les œuvres. Lorsque l'agression monstrueuse forgée par le héros se déplace du Créateur à l'homme et au lecteur, Brâakadbar associé au narrateur se dissocie autant de l'homme qu'il s'opposait au Créateur. Il devient « le fils du scorpion » qui ne reconnaît pas l'homme comme son semblable, « ne se souvient pas d'avoir eu l'homme comme ancêtre ». C'est qu'il y a du monstre et du meurtre, de l'inhumain dans l'acte d'écrire, dans le désir de raconter et de se raconter en innervant le récit d'une forme critique de conscience.

La force primitive de ce dédoublement est d'en produire sur-le-champ un second, qui se multiplie à l'envi. Le second chapitre de « Cas de folie circulaire » met en scène une petite fille dont la personnalité surgit « de l'application du fer doux sur la nuque ». Un sujet masculin, attesté par la plupart des didascalies qui scandent le monologue enfantin formant cette saynète, est métamorphosé en femme au gré d'une expérimentation burlesque, à la fois psychiatrique et chirurgicale. Mais cette petite fille sans nom est elle-même double : elle a une sorte d'écho, qu'elle nomme Lili. Leurs deux corps souffrent à l'unisson, selon une télépathie sensible et douloureuse ; mais Lili, en retrait, ne parle pas vraiment, ne dit rien d'elle-même, ne fait que répéter ce que dit l'héroïne. D'autre part, les onze didascalies qui qualifient les fragments de ce monologue extravagant semblent délimiter à l'intérieur du personnage

déjà deux fois dédoublé autant de types et de rôles
(« récitant comme un écolier » ; « voix de vieille
dame[1] »).

Enfin, le troisième et dernier chapitre de « Cas de
folie circulaire » introduit dans son préambule un être
dont la réalité tient à deux traits. D'un côté, « il se
figure être en préhistoire », ignore tout des noms
d'Homère, de Virgile, de l'Égypte et de la Chine (mais
n'identifier aucun nom propre connu ne diminue pas
son vocabulaire). De l'autre, « il fait autant de gestes
avec le bras gauche qu'avec le bras droit et ses jambes
sont également expressives ». Là encore, écrire ou par-
ler (des actes associés dans les épisodes précédents)
dépend de deux postures : une lutte, sauvage, menée
contre l'existant, le préexistant, l'universel, le trans-
cendant, homme, Dieu ou culture ; et une lutte affec-
tant tout le corps. Un corps multiplié et divisé selon
ses différents organes, internes et externes, entre l'ani-
mal et l'humain, entre ses deux sexes comme entre sa
gauche et sa droite. Voilà ce que développe à nouveau
la fable d'origine qui compose le troisième récit.

Michaux y fait une première fois naître la peinture.
Elle surgit à l'intérieur d'une caverne, d'un double
jet : « une bête très grosse cachée dans une coquille
épaisse » est lancée dans la caverne par l'un des trois
protagonistes de la fable ; la terre molle qui en sort se
trouve projetée « sur les parois en masses inégales et
diverses[2] ». Cette prophétie d'*action painting* où on
reconnaît aussitôt un des gestes à venir de Michaux
peintre suppose un regard qui la reçoive, et du même

1. Voir n. 1, p. 83, sur la façon dont Michaux transforme sans
doute ici les six états décomptés chez un patient de Ribot.
2. P. 88, de même pour les citations suivantes.

coup la produise; tout comme dans le premier épi-
sode, il fallait un lecteur pour légitimer le récit. C'est
ici une femme, Isiriel, qui permet cette médiation. Il
faut son corps sexué, sexualisé, saisi dans un acte char-
nel virtualisé, pour que se forme et qu'elle identifie sur
la paroi de la caverne une image qui la fait frissonner :
« la virilité rouge, très puissante mais un peu tordue,
d'un gorille incliné — et aussi ses yeux — et son
geste ». On ne sait rien de plus de cette image qui fonde
l'« Origine de la peinture » en établissant « parmi les
hommes combien l'*image* des choses est délectable ».
Son importance est que, doublant le récit d'où elle sur-
git en traçant dans les mots une fracture, cette image
soit elle-même double dans sa réalité indécidable :
d'un côté elle est une perception attestée sur la paroi
de la caverne; de l'autre, une hallucination remontant
de l'intérieur du corps vers une extériorité menaçante
mais désirable.

Ainsi la folie circulaire qui relie ces trois « cas », les
multipliant l'un par l'autre dans une forme ouverte,
met-elle en avant le thème du double auquel Michaux
donne immédiatement un tour radical. Naissant à
l'écriture, il naît à lui-même, double et plusieurs, se
découvrant sujet. « Mais le double n'est jamais une
projection de l'intérieur, c'est au contraire une inté-
riorisation du dehors. Ce n'est pas un dédoublement
de l'Un, c'est un redoublement de l'Autre. Ce n'est
pas une reproduction du Même, c'est une répétition
du Différent. Ce n'est pas l'émanation d'un JE, c'est
la mise en immanence d'un toujours autre ou d'un
Non-moi. Ce n'est jamais l'autre qui est un double,
dans le redoublement, c'est moi qui me vis comme le
double de l'autre : je ne me rencontre pas à l'extérieur,
je trouve l'autre en moi. » Chez Michaux, « il y a tou-

jours eu un thème hallucinatoire des Doubles, qui transforme toute ontologie[1] ».

Un des intérêts de « Cas de folie circulaire », comme de la plupart des premiers écrits de Michaux, est de poser en le traitant le problème des influences et des imitations qui y sont liées. Essayons d'en dresser une première liste, sans mettre en avant les lectures orientales, plus tardives, dont *Un barbare en Asie* offre un état assez complet. La brève entrée en matière qui précède le premier des trois fragments de « Cas de folie circulaire », avant même la phrase initiale « Un jour que Brâakadbar [...] », tient en quatre mots : « Il se croit Maldoror. » « Il » vaut ainsi, d'emblée, tant pour le héros qui poursuit le Créateur que pour le narrateur-énonciateur qui très vite le double ; « Il » devient donc « Henry Michaux » découvrant et masquant le jeune Henri Michaux. Cela revient à dire : il se prend pour Lautréamont. À travers Maldoror, Michaux imite ainsi la lutte du héros avec le Créateur pour se substituer à l'écrivain devenu grâce à cette lutte le héros d'une création renouvelée. La première influence qui s'avoue ainsi est majeure. C'est la seule sur laquelle

1. Gilles Deleuze, *Foucault*, Minuit, 1986, p. 105 et 120. Deleuze écrit ces mots à propos de Foucault chez qui cette forme-force du double se cristallise à l'occasion de sa rencontre avec l'œuvre de Raymond Roussel et de l'essai qu'il lui a consacré (Gallimard, 1963). C'est dire que cette formation du double comme pression infinie du dehors est une des grandes déterminations de la littérature et de la pensée de ce siècle. Elle développe en s'y opposant la conception romantique du double comme simple unité divisée et multipliée du moi ; on la retrouve par exemple, selon des modes très distincts, chez Nietzsche, Artaud, Pessoa ou Blanchot. Voir aussi l'analyse que fait Deleuze du « Je est un autre » rimbaldien dans « Sur quatre formules poétiques qui pourraient résumer la philosophie kantienne », *Critique et clinique*, Minuit, 1993, p. 42-45.

Michaux est revenu de façon aussi insistante, dans divers contextes. Lui qui se reconnaît si peu dans l'admiration qu'on accorde aux écrivains répond néanmoins à Robert Bréchon qui beaucoup plus tard l'interroge : « Lautréamont pourtant m'a possédé. Au point que je dus me délivrer de lui. Il ne me laissait pas exister[1]. » Michaux y revient dans le texte autobiographique conçu pour ce même livre : « 1922, Bruxelles. / Lecture de *Maldoror*. Sursaut... qui bientôt déclenche en lui le besoin, longtemps oublié, d'écrire[2]. » Dans la Lettre-mémo que Michaux envoie à René Bertelé à la fin de la guerre, Lautréamont est de même celui qui le « gagne » à la littérature[3]. Aussi a-t-on pu recenser

---

1. Robert Bréchon, *Henri Michaux*, Gallimard, 1955, p. 208. Michaux ajoute : « C'est grâce à lui que j'ai écrit. Jusque-là, je n'en avais pas trop envie et je n'aurais pas osé. Quand j'ai lu *Les Chants de Maldoror* et su qu'on pouvait écrire et publier ce qu'on avait en soi de vraiment extraordinaire, j'ai pensé qu'il y avait place pour moi. / C'était à l'âge de vingt-trois ans » (*ibid.*).
2. « Quelques renseignements sur cinquante-neuf années d'existence » (rédigés par Michaux pour le livre de Robert Bréchon paru en 1959), *Œuvres complètes*, Pléiade, t. I, 1998, p. CXXXII.
3. Chose rare, Lautréamont est aussi invoqué, comme un faiseur d'impossible miracle, un génie protecteur qui se dérobe, à la fin d'un poème, un des rares vrais poèmes d'amour de Michaux (« toi Lautréamont, / qui ne te prenais pas pour trois fois zéro », *La nuit remue*, *Poésie*/Gallimard, p. 175 ; Pléiade, p. 504). Dans le numéro spécial du *Disque vert*, *Le Cas Lautréamont* (Paris-Bruxelles, 1925), dont Michaux, à l'en croire, aurait eu l'initiative, il s'insurge, ne donnant que son « opinion » en quelques lignes brutales, sans doute à cause de l'orientation trop équivoque d'un ensemble qui exprime mal le choc éprouvé par lui à la lecture des *Chants de Maldoror* (voir la notule du « Cas Lautréamont », p. 275). Michaux cite encore deux fois Lautréamont, à propos du voyage : dans un fragment non repris d'*Ecuador*, il évoque le « confort dans la grandeur » que Lautréamont doit à l'Amérique (Pléiade, p. 248) ; dans « Les poètes

avec patience, à travers le premier fragment de « Cas de folie circulaire », les effets de pastiche par lesquels Michaux reconnaît sa dette et s'en délivre[1]. Ces effets tiennent à la métaphysique du conflit comme aux jeux d'énonciation, aux effets de style comme au choix du vocabulaire. Ainsi les termes de géométrie, l'inventaire passionné des organes, le vocabulaire zoologique. Autant de thèmes et de zones à travers lesquels s'affiche, plutôt qu'une influence au sens classique, l'aveu d'une proximité déconcertante dont il a suffi à Michaux de reconnaître la valeur d'incitation pour vite en être quitte. « Il se croit Maldoror. » Imitant cette voix de sorte qu'elle imite la sienne, se vivant « comme le double de l'autre », « Henry Michaux » se construit à travers Lautréamont, non pas une identité reconnue, qu'il pourrait dire sienne, mais une possibilité de mouvement, une voie de dégagement.

Le second réseau d'influence, plus ancien de huit à dix ans, est formé par les lectures mystiques. Deux fois, deux noms sont mis en parallèle avec Lautréamont. Ruysbroeck forme avec lui, à la fin d'« Amours », le couple rare des « copains de génie » autrefois tant aimés[2]; Ernest Hello devient le seul à n'être pas plus que Lautréamont un « cas ». Michaux ajoute : « J'ai aimé sans restriction ni explication deux hommes :

---

voyagent » (1946), il reconnaît à nouveau dans *Les Chants de Maldoror* un des modèles libérateurs du voyage surréel (*Passages*, L'Imaginaire, p. 45).

1. Anne-Marie Dépierre, « Henri Michaux : "Il se croit Maldoror." Figures et images », *Revue d'histoire littéraire de la France*, n° 5, septembre-octobre 1976, p. 794-811 [795-808]. Voir aussi, plus largement, Marta Segarra, « Henri Michaux, entre "le complexe de Lautréamont" et l'angoisse de la métamorphose », *Iris*, n° 10, 2e semestre 1990, p. 71-83.

2. *La nuit remue*, *Poésie*/Gallimard, p. 175 ; Pléiade, p. 504.

Lautréamont et Ernest Hello. Le Christ, aussi, pour dire vrai[1]. » À rebours du « cas des hommes qui aiment écrire », des « cas » Cicéron, La Bruyère ou Bazin, il y a là trois façons de se lier à la littérature et au livre en se déliant des livres et de ce qu'ils supposent. À travers Lautréamont, Michaux reçoit le choc d'un livre dont l'auteur a disparu mythiquement entre les pages de son texte, métamorphosé en héros par une auto-création proclamée, détruisant et récrivant tous les livres, substituant sa voix à toute voix antérieure, à celle de tout créateur, Dieu ou père (Isidore Ducasse l'a peut-être cru lui-même, et on l'a beaucoup cru pour lui). C'est à l'opposé, semble-t-il, que l'ultra-catholique Hello recueille au XIXᵉ siècle le passé de la tradition religieuse et mystique qu'il porte à une sorte d'exacerbation. Michaux découvre ainsi à quinze ans Ruysbroeck l'Admirable et Angèle de Foligno (« traduits par lui [Hello] du latin dans une langue admirable, sobre et sur moi cinglante[2] »); il se plonge dans les « *Vie* des saints, des plus surprenants, des plus éloignés de l'homme moyen[3] », dont Hello a tracé la « Physionomie » brûlante, avec l'énergie folle de sa passion hagiographique. Michaux a évoqué comment il traquait alors chez les libraires les livres introuvables de Hello dans la Belgique occupée. Il a des mots chargés pour qualifier l'effet produit par un auteur dont « l'obnubilante fierté », « l'exigence insensée » lui sont devenues quarante ans plus tard lointaines, presque gênantes, après lui avoir été fraternelles : « Il me galvanisait et me servait à rejeter *tous* les autres écrivains

1. « Le Cas Lautréamont », p. 167.
2. Bréchon, p. 208.
3. « Quelques renseignements », p. CXXXI.

qu'on nous faisait étudier[1]. » D'une autre façon que
Lautréamont, pour le jeune Michaux, du point de vue
de Dieu dont il s'est senti proche, Hello devient
l'homme du livre au-delà des livres, vivant à travers
une tradition qu'il se réincorpore et porte au plus
extrême, selon un désir d'amour absolu, sans com-
mune mesure avec aucune attente si ce n'est par la
grâce qu'ouvrent la faiblesse et la plainte[2]. Le Christ,
enfin, incarne en lui-même l'absolu d'un seul livre, né
de sa parole, autant que la relativisation de tous les
autres. Chaque fois, sous ces trois figures tutélaires, il
s'agit et de l'absolu du livre et de son dépassement, que
ce soit par la mort et la disparition ou par la force plus
immense de la grâce, accordée par la mort et la souf-
france à un seul ou à l'humanité entière. Il s'agit d'un
modèle à la fois mystique et héroïque. Il faudra une vie
d'écriture réelle, et un abandon, réservé mais fatal, à
l'infinité des livres, pour que s'esquisse peu à peu chez
Michaux la figure d'un Antéchrist pragmatique et
modeste, qui sera finalement moins proche de Maldo-
ror que de Nietzsche dont il reconduit, de façon
incomparable, la force et le mouvement.

   Un troisième réseau est formé par les livres de
sciences. Franz Hellens, le premier, en a témoigné,

1. Bréchon, p. 208.
2. Michaux cite encore une fois Hello, comme un de ceux qui
ont peut-être leur « volonté » en eux, aux côtés de Bouddha et
de Pascal, dans la Postface de *Plume* (*Poésie*/Gallimard, p. 218 ;
Pléiade, p. 663). Pour se faire une idée de Hello, saisi par un
désir de gloire et transi par les larmes, aveuglé par l'intensité
d'une foi qui ne garantit rien, on peut lire le bel essai de Patrick
Kéchichian, *Les Usages de l'éternité*, Le Seuil, 1993. Michaux y
est brièvement convoqué aux côtés de Bernanos et de Claudel
(p. 173) ; les rapports de Hello et de Bloy (que Michaux appré-
cia ; voir p. 168) y sont longuement développés.

évoquant Michaux « curieux de science positive, faisant ses meilleures lectures, les seules peut-être, des livres de médecine, de psychologie et de sciences naturelles [1] ». La légende s'en est transmise, d'un bord à l'autre de la vie : de Norge rapportant qu'au collège où ils étudiaient ensemble avec Hermann Closson déjà amoureux de littérature, Michaux réservait sa passion à l'écriture chinoise et au monde des insectes [2], jusqu'à Pierre Bettencourt témoignant qu'à la veille de sa mort Michaux se faisait encore apporter à l'hôpital des livres d'histoire naturelle [3]. Dans sa Lettre-mémo à Bertelé, Michaux indique sobrement, parmi le « grand fatras » de ses lectures : « Des livres de sciences naturelles, ou de psychologie [4]. » De ses premiers à ses derniers écrits, de « Cas de folie circulaire » à *Par des traits*, de *Fables des origines* au « Problème de l'herbier », les sciences naturelles et la psychologie, associées à l'anthropologie et à la linguistique, deviennent autant de conditions pour la pensée, de terrains pour la fiction, de modalités pour la connaissance. Il est par exemple clair que Michaux emprunte au psychologue-philosophe Théodule Ribot (cité dans *Les Rêves et la Jambe*), en particulier à son livre *Les Maladies de la personnalité*, la matière et les formes des dissociations physico-psychologiques du second épisode de « Cas de folie circulaire », lui devant jusqu'au titre de ce texte [5]. De même,

1. Franz Hellens, « Lettre de Belgique », p. 472.
2. Norge, « Jeux d'enfant », *Magazine littéraire*, juin 1985, p. 22.
3. Pierre Bettencourt, « Un homme différent », *ibid.*, p. 25.
4. Pléiade, p. 995.
5. Voir Martin, p. 107-114, 117-122, et en particulier p. 112 (il cite ces mots de Ribot : « ce cas est fréquent dans la folie dite circulaire »).

Freud se trouve mis en jeu, et mis en cause, dans deux essais qui s'enchaînent, *Les Rêves et la Jambe* (1923) et « Réflexions qui ne sont pas étrangères à Freud » (1924). D'un autre côté, il est tout aussi net qu'à travers l'œuvre du zoologiste-philosophe allemand Ernst Haeckel, auteur d'*Anthropogénie ou Histoire de l'évolution humaine*, de *L'Origine de l'homme* et des *Énigmes de l'univers*, Michaux a trouvé l'occasion de s'ouvrir à un ensemble de conceptions et de visions cosmologiques, naturalistes, transformistes, qui nourriront ses rêveries[1].

Il y a enfin le réseau des influences littéraires, plus ténu et diversifié, une fois dégagée la figure de Lautréamont. Parmi les « lectures de recherche » de « Quelques renseignements », Michaux mentionne Tolstoï et Dostoïevski, aux côtés de Hello et de Ruysbroeck ; il ajoute, plus anonymement, « des excentriques, des extravagants ou des "Jeune Belgique[2]" ». Sa Lettre-mémo décline les autres auteurs appréciés dans son adolescence : Homère, Maeterlinck, Shakespeare, Tolstoï, les Russes en général. Michaux ajoute, d'un « depuis » difficile à dater, Pascal et Saint-Simon. La nature et le nombre des références changent évidemment dès que

1. Voir *ibid.*, essentiellement p. 82-93 ; et *Qui je fus*, n. 1, p. 175. L'usage fait par Michaux des savoirs scientifiques (en particulier psychiatrique et psychanalytique) a été bien recensé dans le livre important de Jérôme Roger, *Henri Michaux. Poésie pour savoir*, Presses universitaires de Lyon, 2000.
2. Il s'agit des écrivains réunis dans les années 1880 autour de la célèbre revue *La Jeune Belgique*, qui joua alors un rôle important dans le grand mouvement d'éveil des lettres belges, regroupant en particulier symbolistes et parnassiens, comme Albert Giraud, Georges Rodenbach, Albert Mockel, Charles van Lerberghe, Max Elskamp. La chronique de Michaux, « Lettre de Belgique », témoigne de sa connaissance et de ses jugements sur les écrivains belges (p. 145 -151).

Michaux entre en littérature; quelque réserve qu'il y mette, il devient tributaire d'un effet de culture. Des noms d'écrivains et de livres vont traverser quelques-uns de ses textes et nombre de ses lettres. Les uns signalent les figures tutélaires qui devinent en lui l'écrivain possible, et chez lesquels à son tour il décèle des forces plus ou moins liées à cet effet d'identité : Hellens, Supervielle, Paulhan, André Gaillard, Alfredo Gangotena, dans une moindre mesure Camille Goemans et Hermann Closson (tous sont dédicataires de certains de ses premiers textes ou de ceux qu'il a réunis dans *Qui je fus*[1]). Les autres noms qui apparaissent çà et là, ou par paquets symptomatiques, dans ses premiers écrits, sont les signes d'une culture diverse et désordonnée, beaucoup plus vaste qu'on a pu le croire, et toujours distribuée avec acuité, qui perce chez un jeune écrivain quelque peu hésitant sur ses moyens, inclinant encore vers des formes indécises d'essai et de critique.

Mais « influence » n'est pas un bon mot. Pas plus qu'admiration, comme le pressent Bréchon quand il propose à Michaux ce mot de « journaliste » pour savoir quels écrivains il admire[2]. Toujours exact, Michaux emploie le mot d'influence une fois (dans sa Lettre-mémo), pour préciser que Supervielle eut une influence sur lui parce qu'il voyait « enfin un homme formé et transformé en poète », et que cet exemple vivant l'aida à se réconcilier « avec beaucoup d'éléments de ce monde » dont il demeurait détourné. Cela n'implique pas une influence littéraire à proprement parler, en

---

1. Ils font tous l'objet d'une note détaillée à leur première ou plus importante apparition.
2. Bréchon, p. 207.

dépit d'analogies instinctives, un sens commun de la création naturelle et de l'animalité, ou un art de conter, qui favorisent cette influence plus large par laquelle Michaux va au-devant de ce qu'il imagine et de ce qu'un autre imagine en lui. De Lautréamont, Michaux ne dit pas, ainsi, qu'il l'a influencé, mais « possédé », au point d'éveiller en lui un besoin d'écrire ancien mais oublié[1]. De même l'enfant ou l'adolescent qui aspire à la sainteté découvre dans la vie de chaque saint une excellence et un excès qui ouvrent une voie, en donnant une voix à la nécessité si forte de fuir tout ce qui l'entoure. Une voix qu'il fait sienne, une des innombrables siennes. Mais si chaque lecture suscite en lui un mouvement, aucune ne l'arrête. De la plus essentielle à la plus hasardeuse, chacune des « lectures en tous sens » auxquelles se livre Michaux depuis l'adolescence est l'occasion d'un parcours disloqué, aléatoire, dont la vitesse est le garant. Il a fixé dans « Le Portrait de A. » l'image du lecteur qu'il semble avoir toujours été, qui peut faire d'un manuel d'arithmétique ou de François Coppée l'instrument d'une nébuleuse[2]. Des livres, il reçoit des impressions, que chaque saisie renouvelle, plus qu'il ne subit la pression. Il passe dans les livres, infiniment de livres, car infinis sont sa curiosité comme son désir de savoir ; les livres passent en lui, mais aucun ne le tient. Même pas *Maldoror*, dont un semblant d'imitation garantit l'éviction : il suffit des effets de pastiche concentrés dans le premier volet d'un texte inaugural (« Il se croit Maldoror »), pour que le « cas » entre dans une « folie circulaire » et se trouve ainsi liquidé à vive allure au fil de la ronde des doubles.

1. Bréchon, p. 208.
2. Voir notre Introduction à l'édition de la Pléiade, p. XIX.

D'où une image qui revient, antérieure à celle de tout livre dans son anamnèse : l'image du dictionnaire, « des mots qui n'appartiennent pas encore à des phrases, pas encore à des phraseurs, des mots et en quantité, et dont on pourra se servir soi-même à sa façon [1] ». Cette image a été travaillée dans une des « idées de traverse » de *Passages* [2]. On y trouve Michaux lecteur ou plutôt parcoureur du dictionnaire, affrontant « ces bourgeons humains, dans leur foule alphabétique », contemplant « la multitude d'*être homme*, la vie aux infinies impressions », succombant « bientôt à ces myriades d'orbites », et enfin trouvant là un élan, anticipé mais toujours imprévu, d'écrire, en menant à son tour « quelque équipage dans l'infini moutonnement des possibles ». De cet événement, Michaux dit deux choses qui peuvent sembler s'opposer. D'un côté, il évoque comment, se détachant sur ce fond mouvant du dictionnaire, son « petit cortège » marche pour lui — il souligne ce mot : *marche* — « d'un pas si étrangement accentué, d'un pas qui frappe le silence d'un accent inégalable » ; de l'autre, continuant son évocation, Michaux dit aimer ces « voix nombreuses » qui ne sont pas les siennes. On ne sait si ces mots visent encore la matière brute du dictionnaire ou déjà la réalité d'écriture que cette matière ouvre en lui. Ambiguïté précieuse. Elle suppose que son écriture appartient en propre à Michaux grâce à l'unicité singulière d'un sentiment intérieur et d'un rythme, mais qu'elle lui demeure en même temps très étrangère dans sa multiplicité de sons et de sens, grâce auxquels se dessinent autant de voix internes à cette voix qu'il croit pourtant être la sienne.

1. « Quelques renseignements », p. CXXX.
2. P. 19-20.

Ainsi doit-on d'emblée rapporter la série des « influences » à la thématique du double, conçu comme « intériorisation du dehors », « répétition du Différent ». L'influence est la voie par laquelle le dehors pénètre et se mue en « espace du dedans », en « lointain intérieur » (Michaux fixera tout cela, avec l'ouverture et le flou requis, dans la postface de *Plume*). Les influences singulières deviennent une modalité du double ; le double n'est lui-même que la forme matérialisée de la force de l'influence dans sa diversité proprement infinie. D'où une sorte de polyphonie, qui devient la variation même. L'inégalable de Michaux, son propre, si l'on veut, serait d'être en un sens ouvert plus que personne à toutes sortes d'influences, y compris littéraires, mais de les disperser au rythme spasmodique d'une précipitation qui ne laisse à aucune la chance ni le temps de pouvoir consister. *Événement* ouvre en ce sens une perspective plus large et plus juste qu'influence, supposant que celle-ci soit aussitôt ressaisie dans la simultanéité d'une action et d'une invention. Cela explique que Michaux, traversé, imbibé, comme chacun l'est, et parfois plus directement que d'autres, par des questions et des soucis d'époque — « lieux communs » ou « idées reçues » —, semble aussi toujours s'en dégager par une énergie propre. Fût-ce dans les formulations apparemment les plus naïves des premiers écrits, cette énergie tient à une nécessité faite art de maintenir au sein de chaque affirmation, par tous les moyens disponibles, un rythme de question plutôt qu'un semblant de réponse. Une scansion plus qu'une croyance. Un doute plutôt qu'une vérité.

De là naît cet être paradoxal, fait de tous et de riens, inimitablement un, irréductiblement divers. Une telle tension ressort bien de deux moments, que l'on peut rapprocher, de l'échange de Michaux avec Robert Bréchon : « Il n'est pas trop de toute une vie pour s'apercevoir qu'on n'est pas original, qu'on ne l'a jamais été, qu'on ne pourrait pas l'être, que personne ne l'est, fait d'un bric-à-brac de meubles appartenant à d'autres, à tant d'autres. » « [...] je ne m'attarde pas aux écrivains que j'ai aimés. La vie est une nutrition. Il faut sans cesse consommer... et consumer. On aime une pomme, mais on la digère. Un être humain aussi on l'épuise, et une œuvre humaine, surtout on dérive petit à petit, appelé par son propre besoin, emporté par son courant à soi[1]. »

À l'exception des textes ensuite repris par Michaux dans *Qui je fus*, ceux qui se succèdent à partir de 1923 après « Cas de folie circulaire » peuvent se répartir selon trois champs correspondant à autant de concepts et de prises de position. Nommons-les : rêve, inconscient et double ; actualité de la vitesse, réalité de la langue ; récit, origine du monde.

1. *Rêve, inconscient et double.*

Essai philosophique, *Les Rêves et la Jambe* est en quête d'une pensée ; essai littéraire, il vise avant tout une expression. « Essai philosophique et littéraire » (c'est son sous-titre), il cherche à exprimer une pensée qui ne se connaît pas, s'inspire d'autres qui le hantent mais ne s'en suffit pas[2]. Psychologie et psychanalyse

---

1. Bréchon, p. 205 et p. 207-208.
2. Un rapport d'ordre comparable entre littérature et philosophie est posé par Michaux dans une lettre à Robert Guiette

sont ainsi convoquées, de façon sommaire : la pre-
mière, Ribot, avec ses cas et sa théorie des localisations
coenesthésiques ; la seconde, Freud, avec son cadre
d'interprétation : refoulement du désir sexuel, scène
de l'inconscient, symbolisme du rêve. Il semblerait
d'abord que la seconde puisse venir à bout de la pre-
mière, et ainsi donner de l'émotion ou de la sensation
du morceau d'homme (« la jambe » affectée par le rêve
— c'est la fiction que Michaux se propose) une vue rai-
sonnable, ou au moins rationnelle, susceptible de faire
entrer ce rêve de la jambe, avec ses mouvements, ses
coq-à-l'âne, son absurdité, sa valeur de réminiscence,
dans une logique du rêve dont la vision freudienne
ouvre la perspective. Or, rien de tel n'arrive. Les for-
mulations de Freud, posées de façon presque littérale,
sont vite abandonnées au profit d'une opposition sans
médiation entre « l'homme total » et sa « conscience »
d'éveillé qui « costume la jambe en homme », formant
un « bloc qui se refuse à admettre l'hallucination d'un
morceau [1] ». La littérature sert alors de réponse, grâce au
roman *Mélusine* de Franz Hellens (et à un livre non cité
de Paulhan [2]), avec sa capacité d'être « Rêve écrit en style
morceau d'homme, [...] cette originalité catégorique,
inouïe, du style morceau d'homme, du style rêve [3] ».

(19 novembre 1923). Il le remercie d'avoir apprécié ses deux
opuscules (sans doute *Les Rêves et la Jambe* et *Fables des ori-
gines*) et ajoute : « (J'en ai presque achevé un 3ᵉ "les dés pipés",
pensées philosophiques ou ? poétiques). » On ne sait s'il s'agit
là des « Idées philosophiques de Qui-je-fus », qui paraît cette
même année, en décembre, dans *Le Disque vert*, ou d'un projet
abandonné.
    1. *Les Rêves et la Jambe*, p. 109.
    2. Il s'agit de ses récits de rêves réunis dans *Le Pont traversé*,
Camille Bloch, 1921.
    3. *Les Rêves et la Jambe*, p. 110-111.

C'est que la littérature est capable de transposer, de déformer par la fiction, sa force propre, la sensation vécue, les affections physiques. Reprenant le fil de son bref essai pour redire en fin de parcours ce que sont pour l'homme les rêves, Michaux « oublie » la part freudienne et se résume : « morceau d'homme, absurdité, insensibilité, mouvement-chaos ». Il en arrive ainsi à sa formulation finale : « Est-ce que l'homme entier comprendra les morceaux d'homme ? / *Fatalement, si pas aujourd'hui, demain. / L'attention moderne se porte sur les phénomènes inouïs*[1]. »

Il y a deux façons de répondre à cette utopie de l'inouï, où Michaux se projette. La première est la littérature que la « Préface » des *Rêves et la Jambe* introduit à travers l'ambition, naïvement contemporaine, du jeune écrivain de toucher par les mots directement des *choses*, de « dire quelques choses[2] ». Semblant répondre à ce désir d'immédiateté matérielle, voilà ce que le style morceau d'homme du rêve permet, sitôt qu'il en reste à lui-même, à sa plasticité mobile, neutre, fragmentaire, irréductible[3]. La seconde réponse est celle de la science, des sciences exactes devenues « notre pain », professe Michaux, poursuivant un an plus tard cette même enquête par ses « Réflexions qui ne sont pas étrangères à Freud[4] ». Mais les sciences restent lointaines, objectives, spécialisées. L'originalité de Freud est d'introduire dans la science, avec l'introspection et

---

1. *Ibid.*, p. 111.
2. *Ibid.*, p. 102.
3. Le premier article critique consacré à Michaux, par Camille Goemans, souligne bien le « tour de force » ici réalisé : au-delà de la science, muer les mots en choses par la capacité de fiction propre au style « morceau d'homme ».
4. P. 142. Les citations qui suivent : p. 144.

l'analyse du sujet, « les procédés psychologiques du roman, des mémoires et des confesseurs ». Cependant sa vision demeure réductrice. Trop soumise, dans l'exemple du rêve, à « un potentat : l'amour » (Michaux disait, un an plus tôt : « le morceau sexuel »). Alors que d'autres instincts s'y retrouvent : conservation, domination, cupidité. Michaux ajoute, précisant bien le différend : « Freud voit dans les rêves des verges symboliques. Moi, j'y vois des poings, des assiettes de la faim, des maisons d'avarice. » De même, évoquant la folie, où comme dans le rêve « l'intelligence humaine ne se surveille pas », Michaux trouve l'orgueil plus que la libido. Il conclut ainsi, avec un allant qui suffirait à expliquer son violent rejet ultérieur de ses premiers écrits : « Freud n'a vu qu'une petite partie. J'espère démontrer l'autre partie, la grosse partie, dans mon prochain ouvrage : *Rêves, jeux, littérature et folie.* »

Il faudra presque une vie, et plusieurs livres, pour réaliser une part de ce programme. Il faudra être arrivé au point où, littérature et folie se touchant toujours l'une l'autre sans pouvoir davantage dénouer leur rapport, une simulation deviendra nécessaire, à travers les grands livres de la drogue, pour pouvoir enfin approcher la folie en elle-même, la dire, la localiser, la décrire, tenter de la traduire. Ce sera répondre, trente ans plus tard, mais cette fois en sortant aussi du cercle, au titre si exact de son tout premier texte. Le livre sur les rêves suivra[1], grâce à cette décantation, presque trop apaisé, accordant beaucoup à la ressaisie de la conscience, comme à proportion de l'inconscient immaîtrisé par lequel toute l'œuvre antérieure a été traversée. Un inconscient nomade : morcelé, moléculaire, migrateur,

---

1. *Façons d'endormi, façons d'éveillé*, 1969.

réfractaire fût-ce à la loi d'un désir qui l'ordonnerait, d'un désir réductible à sa part sexuelle. Michaux a eu d'emblée cette vision d'un inconscient « célibataire et vagabond » dont il trouve l'image chez celui qu'il appelle « Notre frère Charlie » : « Charlie ne peut voir d'un homme ses longues oreilles, sans avoir envie d'y accrocher sa canne. / Il allume ses allumettes sur le crâne chauve d'un musicien, l'éteint dans son nez, et se débarrasse de ses gants dans l'ouverture du cor d'harmonie. / Les désirs de son subconscient sont d'utiliser choses et gens et bêtes. / "Les chevaux, les femmes, les dos, les têtes, les cheveux, à quoi ça peut-il me servir ?" c'est son problème[1]. » Michaux donne ici une première version de ce qui deviendra l'inconscient pragmatique, machinique et fluidique, de Deleuze et Guattari dans *Capitalisme et schizophrénie*[2]. Un inconscient dont le désir est fait d'intensités variables, d'agencements multiples exprimant l'ouverture d'un Tout : le tout du monde à la fois comme cosmos et chaos, « chaosmos[3] ». Il y aura ainsi une seule façon pour « l'homme entier » — pour Michaux qui s'apprête à écrire — de comprendre « les morceaux d'homme » : prêter à chaque morceau une voix, par la fiction, la déformation-formation propre à la fiction[4]. À commencer par celle qui permet à l'adulte de conter ses rêves d'enfants, comme il raconte les exploits de Charlot.

1. « Notre frère Charlie », p. 139.
2. C'est le titre commun à *L'Anti-Œdipe* (Minuit, 1972) et à *Mille plateaux* (Minuit, 1980).
3. Terme repris à Joyce par Deleuze et Guattari dans *Qu'est-ce que la philosophie?* (Minuit, 1991).
4. Michaux dit bien : « la fiction, la déformation seule intéresse littérature » (*Les Rêves et la Jambe*, p. 111).

Chacun des quatorze menus récits de rêves regroupés par Michaux[1] présente l'intérêt d'être à la fois un double des treize autres et de devenir ainsi le fragment d'un grand rêve absent parce qu'il serait interprétable. On trouve réunis dans ces fragments tous les rôles d'un roman familial : le père, la mère, le frère, la grand-mère, le grand-père, la bonne et jusqu'au chat. Mais rien ne s'y ordonne et ne l'ordonne, si ce n'est parfois la loi des parents, que la fiction dissout, de la même façon qu'elle laisse flotter le peu qu'elle construit, de son pouvoir volatile et divers. Ainsi s'affirme un prosaïsme du rêve, du récit de rêve, de la situation même du rêve. Prosaïsme par lequel Michaux se démarque en douceur de la longue tradition qui, du romantisme allemand au surréalisme, a prophétisé dans le rêve l'annonce et l'éclat du sens comme celui de la poésie même[2] — tradition dans laquelle s'est inscrit Freud faisant du rêve, au profit de la science, la « voie royale » que l'on sait.

2. *Actualité de la vitesse, réalité de la langue.*

C'est par une hypothèse, comme Michaux d'emblée les affectionne, que s'ouvre, deux mois après « Cas de folie circulaire », sa « Chronique de l'aiguilleur » :

---

1. Un an après ses réflexions sur Freud, à l'occasion d'un nouveau numéro spécial du *Disque vert* cette fois consacré aux rêves (*Des rêves*, 1925).

2. Michaux souligne par exemple : « *Charlie, réaction contre le Romantisme* » (« Notre frère Charlie », p. 137). Michaux se montre ainsi très proche des rêves sérialisés de Little Nemo, le héros de la célèbre bande dessinée de Winsor MacCay, qui paraît aux États-Unis à partir de 1905.

« Supposons qu'un jour, les chaises, au lieu d'osier tressé, soient garnies de pointes d'acier[1]. » Associée au « fait historique » des enfants mis en pot par les Chinois, puis relayée par les méthodes des naturalistes appliquées à la mouche ainsi que par « quelques faits » comme l'agraphie, l'aphasie, la surdité verbale, la cécité mentale, cette hypothèse permet d'enchaîner et d'articuler deux idées : nouvel état physiologique, autonomie du développement physique. Cela revient à postuler une mutation historique de la thématique du double, à proportion du changement du corps et de ses divisions. Cette mutation a un nom : vitesse — un synonyme : ubiquité (« L'Homme est plus vite. [...] *Émotivement, l'Homme est devenu plus vite* »). Elle a un instrument : l'image mimique (illustrée par le cinéma, « 3 000 images pour dix lignes de texte, et 300 000 gestes pour une page écrite »). Elle a aussi un résultat, par multiplication, abréviation des sensations, émotions et représentations : l'indifférence. Attachée au xxᵉ siècle, celle-ci s'oppose à l'excitation du xixᵉ siècle et du romantisme. Dans la littérature comme dans la peinture et la musique, l'indifférence semble réclamer à la fois simplicité et universalité ; Michaux avance par deux fois le mot « Espéranto ». Cette revendication ambiguë d'une expression possible à tous devient dans la préface des *Rêves et la Jambe* celle d'une langue des choses, au-delà de la variété des langues elles-mêmes et de celle des parlers, argots, patois spécialisés de toute sorte ; comme image mimique elle s'exprime, « sans l'intermédiaire des fatals pinceaux ou porte-plume », dans la figure de Charlie-Charlot, unanimiste, simple, impulsif, primitif, mais aussi indifférent, « *insensible,*

1. P. 89. Pour les citations qui suivent : p. 90-97.

c'est peut-être la clef de Charlie », porteur de l'action et du geste par-delà l'émotion[1].

Charlie, dit encore Michaux, « *est dadaïste*[2] ». C'est l'une des deux seules fois que ce mot, ici souligné, répété, apparaît chez Michaux[3]. La référence à Charlot, elle, revient un an plus tard, en post-scriptum du seul texte consacré par Michaux au surréalisme. Cette référence est précieuse pour éclairer le rapport entre la vitesse et l'écriture conçue comme action et geste du corps, comme image mimique. Il écrit dans ce post-scriptum : « *Une fusion de l'automatisme et du volontaire, de la réalité extérieure. Les écrits surréalistes travaillés après coup, cela donnera sans doute des œuvres admirables. Charlie Chaplin fit un peu cela. De l'automatisme de clown, mêlé au réel, aux actions du scénario*[4]. » L'attaque porte dans ce texte sur l'écriture automatique, principe déclaré du surréalisme ; Michaux vise directement Breton, qui en fait la théorie dans le *Manifeste* et l'applique dans *Poisson soluble*. Les objections se mêlent : d'un côté, critique de l'automatisme en tant que tel, « le mot-seconde inventé, le pouls des images », impuissant à suivre sa pensée, sa vitesse, et produisant du même coup, dans sa trop simple incontinence, l'indifférence et la monotonie ; de l'autre, un manque d'émotion et de tragique, signes de « la fatigue de l'époque » ; enfin, critique de Breton,

1. « Notre frère Charlie », p. 138.
2. *Ibid.*, p. 135, 138 et 140 (« De caractère dadaïste, impulsif, primitif, indifférent »).
3. Il a été employé quelques mois plus tôt dans « Les Idées philosophiques de Qui-je-fus » (repris dans *Qui je fus*, p. 179) : « L'esprit, naturellement, est dadaïste. »
4. « Surréalisme », p. 159. Pour les citations qui suivent : p. 155-158.

« confessé intégral », chantre du « merveilleux absolu », dont les doigts sont trop peu habiles à ce mouvement qu'il prétend saisir et chez qui, sous l'indifférence aux phrases qui surgissent, « le crayon de l'homme de lettres veille pour son maître ».

De l'ensemble de l'expérience, Michaux retient pourtant ce qui lui semble bon à prendre : superficiel et monotone, le merveilleux surréaliste reste du merveilleux, et en cela « excellent ». Il participe, comme *Mélusine*, ou *Réalités fantastiques*, de Hellens, de l'introréalisme, opposé par Michaux à l'extraréalisme (romanesque ou documentaire). Il faut peser ces termes : Michaux est là en quête de ses instruments d'idées, d'un programme de création. Il donne pour sous-titre à ce dernier fragment de son texte : « Réalisme devant soi, en soi ». Il poursuit : « Il y a deux réalités : la réalité, le panorama autour de votre tête, le panorama dans votre tête. Et deux réalismes : la description du panorama autour de la tête [...] et la description du panorama dans la tête. » Ainsi s'adossent extraréalisme et introréalisme, provoquant chez Michaux un trait rageur, dans le droit fil d'une réplique à la suffisance du *Manifeste* : « Mais surréalisme ? Ce terme fera peut-être fortune, mais il se vante. » C'est que l'enjeu est autre : non pas un face-à-face des deux termes, mais ce qui permettrait de les articuler sans recourir au « sur » impliqué par « surréalisme[1] ». Dans la définition que Michaux donne des « écrits surréalistes », dérivée de celle du mot « surréalisme » dans le *Manifeste*, il pose que l'automatisme produit une « littérature d'un non-conformisme absolu à la réalité,

1. Ni au « super », dans l'autre terme suggéré par Breton, « supernaturalisme », emprunté à Nerval.

j'entends celle qui est perçue sensiblement et logiquement conçue ». Là où Breton parle de « fonctionnement réel de la pensée [...], en l'absence de tout contrôle exercé par la raison, en dehors de toute préoccupation esthétique et morale », et par là de « résolution des principaux problèmes de la vie », Michaux préfère cette référence directe à la réalité envers laquelle sa haine a été depuis toujours si entière et si forte. Il s'agit, en effet, de savoir traiter la réalité en la maltraitant plutôt que de la prendre de haut en se croyant d'emblée capable de la transformer. Plutôt que de s'abandonner au romantisme idéaliste d'une surréalité, mieux vaut se saisir de l'indispensable merveilleux qu'ouvre ce mouvement pour le doter d'une efficacité tangible, et savoir comment transformer sans cesse l'extraréalisme en introréalisme.

Michaux suggère ici deux voies, sans souligner encore leur lien et leur portée. La première ouvre paradoxalement l'exigence d'un automatisme plus profond, moins automatique, moins joué. Là où Breton n'a vu que « le nez de l'automatisme, il y a encore derrière tout un corps ». Un corps à relâcher, à laisser reposer, à délocaliser. Michaux insiste sur la difficulté extrême du corps à se reposer, à déjouer ce qu'il appelle, dès sa « Chronique de l'aiguilleur », « fatigue nerveuse générale[1] », et ici « la fatigue de l'époque ». Se profile ainsi la dimension interne de la rêverie diurne, son traitement de l'épaisseur du corps imaginatif et souffrant. Abandon qui est aussi volonté et action : Michaux loue précisément chez Chaplin un mélange de « l'automatisme de clown » avec le « réel », les « actions du scénario ». C'est la deuxième voie : l'acte d'invention, de

1. P. 93.

fiction, est seul capable d'exprimer par sa décision, si minime soit-elle, à la fois la dissociation et la coextension des deux « panoramas », celui que forme la réalité extérieure et celui qui s'étend au lointain intérieur. Cette référence à Charlot[1] contribue ainsi à situer chez Michaux le désir d'une langue immédiate, simple, « mimique », transversale à tous les moyens d'expression : une langue du récit et du corps cherchant sa chance d'être de tous et de chacun. « Oh ! Simplicité ! », s'écrie-t-il, essayant de ressaisir par ses mots les gestes et les exploits nerveux des petits films de la Biograph et de la Keystone[2]. Voilà ce que traduit un besoin initial d'espéranto, ouvrant deux voies aussi distinctes qu'auxiliaires : l'invention d'une langue, qui jaillira dans *Qui je fus*, mais s'annonce très tôt grâce à une floraison de noms propres ; et un désir de raconter à partir de ces noms l'origine du monde.

3. *Récit, origine du monde.*

Kane, Mapel, Delo, Chaur, Naan, Mada, Dwa, Mnia, Dum, Ndwa, Phi, Daphi, Daphida, Sen, Dwabi, Ndwabi, Kwa, Madimba, Briskaieidiou, Ochtileou, Isiriel, Diva, Abda. Tels sont (dans l'ordre de leur première apparition) les vingt-trois héros de ces vingt-

1. Elle restera forte, au point de réapparaître lors de la prestation officielle de Michaux au congrès des P. E. N.-clubs en 1936. Voir « L'Avenir de la poésie », Pléiade, p. 968.
2. « Notre frère Charlie », p. 136 (voir la notule de ce texte, p. 269-270, pour le détail des films dont Michaux s'inspire et qu'il raconte). « Simplicité » est aussi le mot-phare de son premier compte rendu, consacré au roman de Franz Hellens, *Bass-Bassina-Boulou* : « Simplicité, enfin ! [...] Simplicité vraie, fondamentale » (p. 99-100).

sept *Fables des origines*, dont la plus courte se réduit à huit lignes et la plus longue excède à peine une page[1]. Parmi ces personnages, quelques-uns reviennent d'une fable à l'autre : Dwa dans cinq d'entre elles, Ndwa dans six. Mais « L'homme qui mange son fils », dernière fable à mentionner les deux hommes (Dwa et Ndwa) jusque-là mis tour à tour en position de chef, les assimile cette fois nettement : ils se trouvent en effet alors pourvus ensemble de leur femme Madimba ; de plus, par un processus analogue à celui qui affecte le nom du père, le nom du fils se transforme de Ndwabi en Dwabi (cela est déjà arrivé deux fois dans des fables antérieures). Ainsi, selon comment on les décompte, trois ou cinq personnages reviennent-ils, au gré du détail d'une lettre qui les fait flotter.

Comment interpréter cette minime métamorphose à répétition, ce « N » qui s'ajoute à l'improviste mais de façon cyclique et avec un air de système aux deux noms du père et du fils ? Faut-il même l'interpréter ? Le seul relais venant du texte est celui du Dieu « Non », qui participe, dans la troisième fable, à l'origine du monde. « N » comme un fragment de « Non », du pouvoir d'affirmer par le « Non » et le « Nom » ? On peut entendre aussi dans ce « N » la simple variation phonique d'appellations aux consonances primitives, dont Michaux ne cessera de s'enchanter. Elle est un signe de la langue utopique des choses et des êtres, limitée ici aux noms propres, mais dont on sent bien l'effet « gong[2] », en termes de rythme comme de

---

1. Ce compte exclut une fable postérieure à la publication du recueil, « La Chaise », qui possède un statut particulier.
2. C'est dans *Ecuador* que Michaux développe sa vision musicale du « gong fidèle d'un mot » (L'Imaginaire, p. 47 ; Pléiade,

relance de l'action ; la poussée du nom même appelant
à l'exploit, aussi inattendu que la musicalité ainsi prê-
tée au personnage[1].

On fera cinq remarques à propos de ces fables, dont
le motif a paru assez fort pour s'imposer avec « Ori-
gine de la peinture » dès « Cas de folie circulaire », puis
justifier une prépublication en revue avant l'agence-
ment définitif.

— Il est clair que Michaux se fait ici l'écho des
développements récents de l'anthropologie et en parti-
culier des analyses de mythes et de contes qui en for-
ment le socle le plus imaginatif ; il devient ainsi à son
tour relais d'autres relais marquants depuis longtemps
déjà dans le monde artistique et culturel, comme le
montre sa « Chronique de l'aiguilleur » où il assimile à
coups de majuscules « CUBISME ART NÈGRE LITTÉRA-
TURE ENFANTINE[2] ». Il serait risqué d'être trop précis
dans la mesure où aucun des textes publiés alors par
Michaux ne se réfère en ce cas à des lectures avérées sur
lesquelles il prendrait parti, comme on a pu le voir sur
des exemples aussi divers que Haeckel ou Lautréa-
mont, Freud ou le surréalisme. Ses rares lettres acces-
sibles de ces années-là n'en disent pas plus. Mais il
n'est pas douteux que, parmi les livres de psychologie
et de psychiatrie que Franz Hellens témoigne avoir
vus sous le bras du jeune Michaux, il n'y ait eu aussi

---

p. 162). Elle revient dans le poème « Je suis gong » de *La nuit
remue* (*Poésie*/Gallimard, p. 177 ; Pléiade, p. 505), et se mêle plus
tard à la définition de l'exorcisme (dans la Préface d'*Épreuves,
exorcismes*, *Poésie*/Gallimard, p. 7-9 ; Pléiade, p. 773-774).

1. « Dum ! / Dum a couru ; / Dum a tué tous les sorciers de la
tribu parce qu'ils ont envoyé l'esprit du feu entre les jambes de
sa femme » (*Fables des origines*, p. 117).

2. P. 93.

des livres d'ethnologie et de voyages. Celui qui se targuait d'avoir « fouillé partout[1] » n'a certainement pas manqué d'avoir accès aux sources, de première ou de seconde main, susceptibles de l'aider à tracer sa voie dans le primitivisme de l'époque[2].

— Le seul ordre qui ressort d'une succession pour

1. Hellens rapporte ces mots de Michaux : « Or là réside je pense mon originalité, c'est que j'ai fouillé partout » (*Style et caractère*, Bruxelles, La Renaissance du livre, 1956, p. 165).
2. On trouve dans le chapitre déjà cité du livre de Jean-Pierre Martin une recension minutieuse des sources plausibles de *Fables des origines*, en particulier *La Guerre du feu* de Rosny aîné (1911) et surtout l'*Anthologie nègre* de Cendrars (1921), à laquelle Hellens se réfère déjà dans sa « Lettre de Belgique » pour dégager la singularité de Michaux : « Ce ne sont pas de simples contes nègres, comme Cendrars nous en a restitués avec tant d'abnégation sympathique. Ce sont de véritables fables, de pures inventions, et si l'on veut des moralités, sur le *ton* nègre » (p. 471). — Les seules sources « nègres » strictement avérées de Michaux sont le roman de Hellens, *Bass-Bassina-Boulou*, dont il fait le compte rendu, et *Mélusine*, livre pour lui déterminant, qui compte deux chapitres éloquents : « Mélusine chez les Nègres » (XXIV) et « L'Aurore africaine » (chapitre inaugural que Michaux tient pour « un chef-d'œuvre [...] une accumulation de prodiges », dans sa « Lettre de Belgique », p. 148 — texte à ne pas confondre avec celui de Hellens portant le même titre). Mais Michaux n'a pu ignorer ni l'inventif compte rendu d'Odilon-Jean Périer, « Leçon au professeur sur l'*Anthologie nègre* » (*Signaux de France et de Belgique*, n° 1, janvier 1922, p. 26-27) ni « Les Grands Fétiches » de Cendrars (*Le Disque vert*, n° 1, mai 1922, p. 1-2) : il s'agit de onze minuscules poèmes, d'une langue élémentaire, écrits en 1916 au British Museum devant des statuettes africaines. De même, sans doute, le roman « dadaïste » de Clément Pansaers, *Le Pan-Pan au cul du nu nègre* (1920), dont rend compte dans *L'Esprit nouveau* (n° 4, s. d., non paginé) Céline Arnaud, qui y signalera trois ans plus tard *Fables des origines*. — Pour le reste, on trouve dans le livre de Jean Laude, *La Peinture française (1905-1914) et « l'Art nègre »* (Klincksieck, 1968), une évaluation précise des enjeux liés à la découverte de l'art africain. L'auteur y situe bien « le problème du primitivisme » et « la négrophilie » comme termes d'une alternative inté-

le reste assez arbitraire montre au début du recueil cinq fables concentrées autour du nom et des actes de Dieu[1]. Une gradation fine s'établit. Trois hypothèses sont d'abord proposées pour expliquer la création du monde. Celui-ci naît d'abord de la résistance des démons à Dieu, résistance qui les transforme en pierre, et d'où la terre sort (c'est la naissance d'une image insigne, qui se développera chez Michaux sous la forme d'une identité menaçante entre la pierre et la mort); le monde naît ensuite du simple ennui de Dieu, fragment détaché de son corps premier; il surgit enfin d'un conflit de paroles, d'entre « les paroles de tous ceux qui ensemble font Dieu » : « "Ne serait-il pas bon de créer des choses ?", se demande Dieu[2]. » Le « Non » isolé qui répond à la question ne suffit pas à arrêter la création; mais il ouvre la vengeance du Dieu « Non » sur l'homme, une fois celle-ci accomplie. C'est la seule fable où Michaux démultiplie Dieu par « les dieux », exprimant par cet éclatement les virtualités du

---

rieure à l'universalisme même de la culture occidentale, parvenu à un point de fracture. Il cite en particulier (p. 534) l'argument du ballet *La Création du monde*, écrit par Cendrars en 1923, dont *Fables des origines* pourrait être une version fragmentaire et ironique (les noms propres sont très proches, beaucoup plus que ceux de l'*Anthologie nègre* : Nzamé, N'Kwa, N'Gils). Un tel mouvement est inséparable du développement de la sociologie et de l'ethnologie françaises qui s'affirme au tournant du siècle avec Durkheim, puis s'amplifie grâce à Lévy-Bruhl et Mauss. *La Mentalité primitive* de Lévy-Bruhl et *La Religion chinoise* de Marcel Granet datent de 1922.

1. Cet ordre a été modifié entre la prépublication en revue et la reprise augmentée en plaquette : dans le premier cas, une seule fable, «Dieu et le monde», touche à la création proprement dite, et elle ne vient qu'en seconde position, après «L'Origine du vêtement».

2. *Fables des origines*, p. 114.

langage[1]. Dieu crée encore, dans deux autres fables, les continents et les microbes dont l'origine est ainsi motivée ; puis il disparaît du texte, au profit des héros qui peuvent passer, mais rien ne l'affirme, pour ses créatures, chargés de médiations diverses.

— Cette question de l'origine, déjà frappée par l'arbitraire d'une multiplicité initiale, ne va cesser de se défaire et de se déliter ; au point qu'il n'y aura plus d'origine du tout. Le mot lui-même disparaît de onze fables ; l'idée, presque de huit d'entre elles. La dernière, « La Fourmi à l'étoile », n'est qu'un bref conte suspendu : affichant pour la première fois la passion de son auteur pour les fourmis, elle emporte l'ensemble du recueil à la dérive, soulignant le vidage du sens qui s'opère, à partir de son excès apparent. Tout tient à l'ironie ludique et acharnée avec laquelle Michaux se sert d'éléments empruntés à divers états de culture, édifiant un monde ouvert au vent de l'interprétation dont il ruine jusqu'à la possibilité dans les enfantements d'une mimétique du sens. Comme il l'a déjà fait pour la création elle-même, Michaux joue par exemple de la pluralité de versions autour d'une même donnée : il y a deux « Origine du feu », et une « Utilité du feu » ; il y a une « Origine du vêtement », que prolongent deux variations intitulées « Le vêtement est une ruse ». Loin que ces versions se fortifient ensemble, comme dans l'analyse des mythes, chacune d'elle soustrait à l'autre le peu de sens qui semblait s'y former. C'est bien le tout d'un monde, du monde en formation qui s'offre, avec son cosmos, ses matières, ses animaux, ses hommes et ses femmes, ses couples, ses familles, ses

---

1. Il y reviendra dans « Le Portrait de A. » (en 1930, dans *Un certain Plume*). Voir notre Introduction à l'édition de la Pléiade, p. XIV.

rites, ses segments d'organisation sociale et de pouvoirs, son symbolisme. Mais ce monde de tous est aussi le chaos d'un seul. Il fourmille de hantises, d'obsessions, d'actes, de traits, isolés et multiples, virtuellement multipliables, un par un s'affirmant : tous ces éléments formant un tableau par l'incapacité où on se trouve de les lier l'un à l'autre, bien plus que par la raison d'aucun ordre. On ne pressent que le désordre d'une humanité souffrante et cruelle, où tout sans fin s'entre-dévore.

— Ce mouvement est renforcé par le multiculturalisme des références que Michaux se donne, par les vides erratiques que ce trop-plein ménage. Le corps central des noms comme des choix d'animaux et de contenus évoque clairement des ethnies africaines. L'Afrique est le premier «ailleurs» organisé que se donne Michaux[1]. Mais c'est en préhistoire que se situe «Origine de la peinture» (cela reste clair, sans le prologue qui ouvrait la fable dans «Cas de folie circulaire»). Une des fables évoque aussi l'«Origine du petit pied des femmes chinoises». L'avant-dernière, «Amour», suggère plutôt un contexte médiéval. Une comparaison ne cesse aussi d'être menée entre hommes noirs et hommes blancs, plutôt défavorable aux seconds («Le Blanc est menteur») ; il s'agit de penser «l'inimitié des races[2]». Enfin, les seuls noms existants de tribus ou ethnies (les Gwis et les Diphi) et de territoire (le Wough, d'où viennent les Diphi), mentionnés en

1. Elle sera aussi invoquée, en 1925, dans deux des «Principes d'enfants» (n° 1 et 14), et suggérée dans deux autres (n° 11 et 17) (voir En marge de *Qui je fus*, p. 247-251), ainsi que dans un nouveau «principe» introduit dans *Qui je fus* (p. 211, cinquième fragment non numéroté).
2. Dans «La Déformation crânienne», p. 121.

passant, accroissent une incertitude topographique qu'on aurait peut-être oubliée sans ces mentions intermittentes[1].

— Si bien que c'est le pur plaisir, la pure souffrance du récit et de l'événement qui émanent de ces contes jouant le jeu de mythes d'origine, ce qu'ils ne sont visiblement pas plus que les fables annoncées par le titre. Pourtant, tout cela, mythes, contes et fables, ces textes aussi le sont, détruisant une possibilité par l'autre et les incarnant toutes. Ce sont d'abord des mythes parce qu'ils racontent l'origine du monde, les actes des dieux et des hommes qui le fondent. Mais ce sont les mythes d'un seul. Ils deviennent ainsi des inventions, ni vraies ni vraisemblables. Mais la fausse croyance de celui qui les pose suffit à en faire les mythes-contre-mythes d'une société absente figurant l'humanité entière. Ces récits sont aussi des fables, puisque l'auteur le dit : mais si les animaux y sont légion, comme le veut la fable, ils ne servent jamais à y représenter des hommes ; et la moralité, qui définit le genre, en est plutôt absente, bien qu'elle résonne parfois dans les conclusions ironiques auxquelles prêtent diverses « origines ». Des contes, enfin, ces récits le deviennent parce que n'étant vraiment ni des mythes ni des fables, ils en tiennent lieu. En cela ils sont les commencements d'une œuvre, sapant les fondements qu'elle s'imagine. Ils sont les fragments minuscules d'une épopée subjective qui s'annonce en faisant de ce petit recueil le travestissement de beaucoup de grands livres. Tel est le mélange rare que réalise la brièveté de ces histoires, leur ton de

1. « Le Blanc est menteur », p. 121. Signe accru de ce tournoiement, la première version de la fable donne : « ancêtre des Owoughi dans le Ouolof ».

simplicité désarmant, fondé sur une retenue constante de la phrase, un minimalisme enfantin des mots et des propositions, d'où ressort un humour mal saisissable, peu réductible au commentaire.

Une vingt-huitième fable, détachée, publiée après coup, pourrait en tenir lieu. Pour spécifier les « origines de la chaise », Michaux y recourt bien à deux des personnages antérieurs : Dwa et Dwabi. Mais les six fragments dont se compose sa fable présentent six solutions divergentes à un même problème. La première et la dernière inversent même la responsabilité de l'invention entre Dwa et Dwabi. Les quatre autres introduisent un nouveau personnage, des temps et des tons différents. Un « je », même, y fait irruption, brisant le cercle clos et enchanté du mythe d'origine, reprenant à son compte et l'origine et la voix dispersive qui s'en porte garant.

Dans les seules remarques, succinctes, que ses mini-récits ont suggérées à Michaux, il les décrit comme des « fables en huit lignes » et ajoute, parlant de leur auteur : « S'il avait pu les écrire en 6 mots, il n'eût pas manqué de le faire[1]. » Déniant l'appellation de « poète » qu'à cause d'elles on lui prête, Michaux précise aussi qu'il n'y a là, de poésie, que « le minimum qui subsiste dans tout exposé humainement vrai ». Pour tenter déjà d'unir en lui ses diverses voix, il se revendique alors plutôt « essayiste », se référant à son « essai philosophique » « Le Rêve et la Jambe ». C'est donc la pensée comme histoire, récit de sa propre genèse, que Michaux tente de cerner dans cette collusion de l'essai et des fables. Au nom d'un laconisme qui lui échappe, il cherche à concevoir les tables d'une

---

1. « Lettre de Belgique », p. 150.

loi qu'il pourrait croire parce qu'il en deviendrait seul créateur, grâce auxquelles se jouerait et se maintiendrait en lui l'origine du monde. C'est ce qu'accomplit le récit, *a contrario*, divisant à jamais le créateur en créatures, et les multipliant ensemble, comme cela s'est vu dès le premier instant du combat engagé entre Brâakadbar et le Créateur.

QUI JE FUS

1927

Quand Michaux se saisit du premier des trois textes qu'il retient de ses années du *Disque vert*, « Les Idées philosophiques de Qui-je-fus », et le resserre en un « Qui je fus » servant de titre à son premier recueil, il accomplit un de ces actes par lesquels l'imagination cherche à se frapper elle-même pour toucher ses lecteurs.

La stratégie qui fait du « je », héros de ce récit, un sujet habité tour à tour par trois êtres, établit aussitôt dans la recherche d'écriture un rapport éclairant entre présent et passé, vie et mort. Du même coup, elle qualifie la nature de l'écrit qui se cherche, dans ce texte comme à travers le recueil qu'il ouvre. Un « Qui-je-fus » matérialiste, un « Qui-je-fus » rédemptoriste, un « Qui-je-fus » sceptique font le siège d'un « je » qui cède à leur voix : pour ne pas mourir, disent-ils, ils imposent chacun leurs vues dont ce « je » devient dépositaire ; par des compressions et des corrections pouvant atteindre « jusqu'à vingt-deux copies[1] », il les

---

1. P. 174.

transmet donc au lecteur en lieu et place du roman dont lui, le je-auteur, est supposé se vouloir l'écrivain. Ce roman qui ne s'écrit pas et cède à « la philosophie[1] » sera expulsé une seconde fois du livre où son souci s'affirme, à la toute dernière phrase du récit-divagation « Fils de morne » qui ferme le recueil[2]. Ainsi se pose la question du roman pour définir ce que *Qui je fus* est comme ce qu'il n'est pas. Quel est cet écrivain qui dès son premier livre notoire se proclame déjà posthume à l'égard de lui-même, entre une rétrospection supposée de sa propre histoire et une réflexion sur son identité ?

Michaux s'est dit tenté par le roman. Cette même année 1923 où il publie « Les Idées philosophiques de Qui-je-fus », une lettre à Hellens y insiste[3] :

1. C'est la proposition finale de ce récit d'ouverture : « On a le désir d'écrire un roman, et l'on écrit de la philosophie. On n'est pas seul dans sa peau » (p. 181).
2. « [...] l'enfant a parlé, et ici commence le roman de Jean-François Chahux » (p. 245).
3. Cette lettre importante (16 mars 1923) a été publiée avec cinq autres « Lettres d'Henri Michaux à Franz Hellens à l'époque du *Disque vert* », dans *Le Dernier Disque vert, Hommage à Franz Hellens*, Albin Michel, 1957, p. 301-302 ; nous en citons l'essentiel. Il ne semble pas qu'il faille dater de 1922, comme on l'a fait dans ce volume et depuis, une autre lettre sans date publiée page 300. Michaux y parle en effet de « continuer [s]on roman », d'une façon qui semble plutôt faire suite à l'effet d'annonce de la lettre du 16 mars 1923. Il y cite aussi de façon supposée connue son essai sur le rire, dont on n'a pour l'instant pas d'autre témoignage, et que sa lettre du 16 mars semble plutôt annoncer. Ce point, comme d'autres, sera peut-être éclairé le jour où on aura accès à l'ensemble des lettres de Michaux. Les différents titres proposés pour son roman virtuel combinent deux références implicites à Sade et à Jules Verne. La première semble confirmée par la réponse du romancier supposé au second des « Qui-je-fus » importun : « Dans mon roman, tu serais en mauvaise compagnie ; l'on y voit des personnes éhontées, en caleçon de soie, et d'autres qui déjà l'ont enlevé pour d'autres jouissances » (p. 178).

« J'écris, j'écris enfin de la *prose*, c'est-à-dire que j'écris sans m'exalter, sans attendre une fantastique inspiration, sans me mettre dans la peau d'un individu imaginaire ou réel, j'écris simplement *ce qui me passe dans la tête continuellement, sans arrêt, chaque jour que je suis éveillé depuis bientôt 10 ans.* / Je vous assure que ce n'est pas drôle ! La phrase est évidemment moins choisie puisqu'elle suit l'idée au fond dans toutes ses nuances, son analyse et sa synthèse et son salmigondis, son trouble. Ses amalgames, son état *réel*, transitoire et impur. / J'ai commencé le 9-3-23. Il y a un an, à la même date, je commençais à écrire. Mais je crois que c'était de la poésie. *Maldoror*... tout ça c'est de la poésie. Vous me le disiez du reste. J'ai donc commencé de la prose sans retenue. De la prose Marcel Proust. Le 9 et le 15 au soir je possède 50 pages. En août j'aurai 500 pages. J'écris sans le moindre effort. J'aurai très peu de ratures à faire et c'est d'un débit enivrant et toujours curieux. Rien ne m'empêche d'aller jusqu'à des milliers.

« J'en suis extraordinairement content comme vous l'avez dû constater par mon seul exposé, assez naïf sans doute. Mais radicalement différent de tout ce que j'ai écrit jusqu'ici comme méthode de style.

« C'est du style roman. C'est dire tout, tout autour de la moindre chose.

« J'intitulerai le livre simplement : *120 jours chez moi* ou *18 semaines chez moi* — ou *8 semaines*, selon le temps que j'aurai consacré à ce premier volume de 500 pages.

« Je ferai concomitamment mon *Essai sur le Rire* et mon essai de "parapsychique".

« Mais je suis assez découragé de ces sortes de choses qui demandent un travail fou, de plusieurs mois, qui tiennent en 6 pages et qu'on ne parvient même pas à éditer. C'est à se flanquer la tête au mur. Tandis que *18 semaines à la maison* c'est lisible facilement, ce sera lu, ce sera scandaleux mais ça aura 10 éditions tandis que le *Rêve* [*Les Rêves et la Jambe*], il lui faudrait 5 ans ou même plus avant d'être connu[1]. »

Ainsi Michaux oppose-t-il alors de façon nette le roman, d'une part à la poésie — il désigne par là ce qu'il écrit à ses débuts, un an plus tôt : il s'agit donc de « Cas de folie circulaire », inspiré par Lautréamont dont déjà il s'éloigne —, d'autre part à l'essai — il vise par là *Les Rêves et la Jambe*, tout juste publié, et différents projets, qui n'aboutiront pas. L'évocation aussi sérieuse qu'ironique de sa tentative avortée mêle deux positions difficilement conciliables, en dépit de la confusion qui s'opère alors chez Michaux : d'un côté ce qu'il appelle « de la prose Marcel Proust », de l'autre l'écriture automatique. De façon moins forcée, Michaux les associera encore (deux ans plus tard, dans « Surréalisme[2] »), tirant cette fois Proust, qu'il situe à la suite de Rousseau et de Musset, du côté de la « confession récapitulative », et faisant de Breton « le confessé intégral » voué à l'écriture chimérique d'un pur présent. Ces recours hâtifs à Proust montrent à quel point Michaux rate précisément la réalité du roman dont pendant quelques mois il cherche si fort à

1. La référence au roman est alors courante chez Michaux, et participe à ses incertitudes d'écrivain. Il mentionne à Guiette « le roman où je suis occupé » (s. d., environ décembre 1923). Il envoie ainsi à Paulhan, sans doute en 1926, des pages peu identifiables, qu'il commente comme suit : « La prochaine fois que j'écrirai, ce sera une nouvelle de 100 pages ou un roman de 200. Ce ne sera pas meilleur. Mais enfin je saurai ce que c'est que donner la becquée 2 fois par jour à un sujet pendant 3 mois. »
2. Voir p. 154-159.

se réclamer[1]. Il ne peut qu'esquiver l'exemple, inaccessible à l'homme encore très jeune qu'il est, d'une transmutation unique de l'autobiographie en un corps romanesque devenant le chef-d'œuvre d'une vie. Mais c'est là sa façon d'aller vers une forme qu'il ignore encore, de fiction de lui-même et d'invention de soi. Une fois encore à l'inverse de Breton rejetant le roman par principe éthique ou esthétique (c'est le « genre inférieur » du *Manifeste du surréalisme*, en 1924), Michaux ne s'y refuse *a priori* pas plus qu'à d'autres formes qui le hantent. C'est plutôt le roman auquel il fait semblant de croire qui se refuse à lui, alors qu'il a été conduit à le confondre avec une forme exaltée mais douteuse d'écriture automatique, dont il fera le procès avec allégresse peu après en avoir fait le deuil[2].

Cette hantise du roman mettra pourtant du temps à disparaître. C'est qu'elle est une forme préalable puissante, instrumentale sur le plan rhétorique et influente sur le plan social, propre à tenter un jeune écrivain incertain de tout sauf d'un désir forcené d'expression. L'idée du roman unit surtout deux exigences, chez Michaux primordiales — mais il lui faudra accepter de les faire exploser l'une par l'autre au gré de poussées fragmentaires, plutôt que de chercher à les lier dans la recherche d'une seule coulée. La première exigence tient à cette idée de « dire tout, tout autour de la moindre chose », qui se négociera interminablement entre évocation, description et réflexion ; la seconde est un besoin impératif de récit, de fiction, d'événement. Intérieure au tout qui afflue, la fiction peut en

---

1. « Les Idées philosophiques de Qui-je-fus », qui en sonne un premier deuil, paraît en décembre 1923.
2. Voir p. 44-46.

devenir à tout instant la force actuelle parce qu'elle est sa dimension proprement virtuelle.

Pour répondre à la pression que les trois « qui-je-fus » incarnent avec bien d'autres voix attestées ou possibles, *Qui je fus* devient donc ce premier livre qui défait le roman en se jouant de la confession et de l'autobiographie. Là où Breton, un an plus tard, ouvre *Nadja* par un « Qui suis-je ? » aussitôt enclin à se définir grâce à la qualité de ce que son auteur « hante » (une femme, des lieux, des êtres, des objets, des œuvres, des pensées, des faits, des circonstances), c'est-à-dire un enchaînement de données électives déployées en une coulée, quel que soit le hasard qui les lie et les justifie ; là où cette question, « Qui suis-je ? », se dote ainsi d'une identité, si inconnue et déliée se veuille-t-elle au regard de son propre mystère, le titre affirmatif de Michaux, *Qui je fus*, résonne comme une coupure et un trait d'ironie. Fracturant à l'extrême une identité révolue mais improbable, alors qu'il pourrait incliner vers la « confession récapitulative », ce recueil souligne, une première fois et à jamais, le caractère insaisissable de toute identité.

Neuf chapitres ou sections, textes ou suites de textes, succèdent au récit dialogique d'ouverture : ils multiplient un « Qui je fus » déjà multiple, induisant un rapport du tout à la partie qui interdit de les qualifier l'un par l'autre, sans cesser d'en laisser flotter le mirage. On décomposera donc les éléments de la stratégie à l'œuvre entre les sections — pour l'avoir au moins effectué une fois de façon méthodique, à l'occasion d'un livre fondateur bien qu'ensuite dénié. Cette stratégie touche en particulier les genres, les personnes, les façons d'énoncer, les tonalités et les langues. C'est tenter de saisir le « qui je fus » qui se révèle au présent fuyant de son passé indéfini. C'est ouvrir chez Michaux *la question du recueil*. Elle hantera son œuvre, en deviendra la condition de mise en forme et de visibilité, mais aussi de brouillage et de confusion.

La seconde section de *Qui je fus*, « Énigmes », est composée de quatorze courts fragments sans titres. On peut les qualifier de fictions, même si les troisième, neuvième et dixième fragments réduisent la portée de la fiction en oscillant plutôt entre l'évocation et la moralité. Il s'agit de fictions minimes, abruptes, lacunaires, lapidaires et, leur titre l'annonce, énigmatiques, parfois réduites à un seul événement. Sur les treize premiers fragments, quatre mettent en scène un « je »; les neuf autres un « il ». Mais quatre fois ce « il » est doublé par un « je » : pris dans un effet de recul, celui-ci conjoint les rôles indistincts d'un éventuel personnage et d'un énonciateur[1]. D'autre part, en quatre occasions, deux « tu » (ou « te » ou « toi ») et deux « on » viennent enrichir ce paradigme des pronoms en le faisant glisser vers une interlocution généralisée. Le quatorzième et dernier fragment devient ainsi l'emblème tant des treize énigmes antérieures que de l'ensemble du recueil où il s'insère : il s'agit en effet d'une charade. Il suffit à Michaux de dissocier par l'absurde les quatre propositions successives (mon premier, mon deuxième, mon troisième et mon quatrième) pour que le « tout » qui en résulte, proclamant : « c'est moi le bon juge », fasse exploser le rapport d'inclusion du tout à ses parties, de même que

---

1. On a déjà vu un effet semblable de contamination dans le tout premier récit de Michaux : la première section de « Cas de folie circulaire » (p. 81-83).

tout jugement d'autorité entre ce «je» qui «fus» et chaque chose qu'il devient ou pourrait être[1].

La troisième section accentue ce mouvement dès son titre : «Partages de l'homme». Les douze fragments, plus développés, qui la composent, ont cette fois des titres, et deux d'entre eux sont agrémentés de sous-titres qui pourraient supposer d'autres subdivisions. En revanche, les neuvième et dixième fragments de ces «histoires» autonomes sont liés par la reprise d'un même intitulé : «Fatigue I», «Fatigue II». Le dernier fragment, «Tel des conseils d'hygiène à l'âme», se subdivise, lui, en quatre sous-fragments. C'est souligner qu'il n'y a ni présupposé ni limite aux dérives de la fragmentation. Un équilibre flottant égal à celui qu'on trouve dans «Énigmes» règne également dans «Partages de l'homme» entre première et troisième personne : on compte six récits à la première personne du singulier, et six à la troisième du pluriel, sans s'arrêter aux glissements, interférences et décrochements, parfois plus accentués. Et cette fois quatre de ces fragments — un à la première personne et trois à la troisième — mettent en scène des êtres ou des personnages : individuels, multiples ou collectifs, diversement référencés, réalistes, fantastiques, mythologiques, ceux-ci nourrissent la fiction[2]. Mais simultanément, trois des six fragments à la première personne ont une

---

1. «Mon premier est touché à mort / Mon deuxième se brosse en attendant / Mon troisième ramasse les noyaux / Est battu par mon quatrième / Et mon tout dit : "C'est moi le bon juge"» (p. 186-187).
2. Il s'agit de Benson («Révélations sur l'homme qui s'est jeté du soixante-deuxième étage de Kree-Kastel à Broadway et qui s'appelait Benson»), Mme X... («Technique de la mort au lit»), Karisha, Chertoli, Karfar et Nangar («Karisha, aimée des morts»), les Martiens («L'Étoile en bois»).

consonance très autobiographique ou au moins auto-
graphique[1], ouvrant ainsi la voie à une contamination
des modalités d'invention de soi.

La quatrième section, « Villes mouvantes », est un
véritable récit, à la première personne. Il se déploie,
mêlant des données réalistes et des données forgées,
selon un mode dont Michaux fera un usage constant :
le développement (plus ou moins frénétique) d'une
hypothèse supposant une transformation de la « réa-
lité » communément admise (ici la dérive des villes
opposée à leur stabilité).

Les cinquième et sixième sections, « Prédication »
et « Principes d'enfant », ont en commun leur régime
formel : elles composent deux séries discontinues de
très courts fragments séparés par des blancs (dix-huit
dans le premier cas, dix dans le second). Ces maximes
ou aphorismes détournés sont innervés par un humour
décapant, qui tient à des décalages entre plusieurs
niveaux de sens. On peut tenter de distinguer les deux
séries par les quatre occurrences d'un « Dieu » soumis
dans la première à rude épreuve (le titre y invite), alors
que c'est le « père » qui se trouve deux fois visé dans la
seconde (là encore suivant l'intitulé). La première série
présente d'autre part trois interventions d'un « je »,
voilé dans la seconde sous le caractère détonant des
formules (bien que « père » suppose une fois un récit
autobiographique avorté dont le fils serait le héros[2]).

---

1. C'est le cas des trois derniers sous-fragments du douzième
fragment, « Tels des conseils d'hygiène à l'âme ». — Jean-Pierre
Martin emploie très bien le mot « autographie », en son sens
étymologique, pour qualifier l'écriture de soi.
2. « Un tube de papillons ne pèse rien, à moins que les
papillons ne soient endormis ; père dit qu'ils pèsent un kilo,
mais il ne regarde jamais les papillons » (p. 212).

Cependant ces deux suites de propositions ironiques tendent à se confondre, dans leur principe comme dans la mémoire du lecteur. Pour mieux saisir le mouvement commun qui les anime, on peut se reporter aux publications en revue qui ont précédé la reprise en livre : on verra les redistributions affolantes dont les originaux ont fait l'objet, tant du côté des suppressions que des transformations, en particulier d'ordre[1]. Les deux séries conservent leur autonomie, qu'une première parution a garantie : mais reste l'impression d'une double poignée de cartes distribuées en vue d'un même jeu, dont n'ont été gardées, au cours du jeu, que les meilleures cartes, au moins celles qu'on a cru telles.

La septième section de *Qui je fus* est un poème en vers libres, « Adieu à une ville et à une femme ». Il s'agit d'un poème lyrique, qui obéit au précepte énoncé (souligné) par Michaux dans « Surréalisme », entre ses remarques sur Proust et ses remarques sur Breton : « *Les poésies lyriques souvent sont des confessions, mais ces confessions se surveillent*[2]. » Ce poème est dédié à une jeune femme dont le nom est avoué autant que dérobé grâce à des initiales (« Mlle M. S. ») ; Michaux cache aussi en le transformant le nom de la ville à laquelle est adressé l'adieu[3]. Le « Je » qui ouvre le poème et s'y répand se confesse ainsi en se surveillant, disant en même temps peu et beaucoup sur lui, son caractère, sa faiblesse d'« homme maigre » au cœur défaillant et ses désirs de séduction, disant aussi comme en passant quelque chose de cette femme

---

1. La seconde version est donnée dans la section En marge de *Qui je fus* (p. 247-251).
2. P. 155.
3. Voir la notule d'« Adieu à une ville et à une femme », p. 284.

aimée ou à demi aimée dont il prétend ne savoir « quasi rien ».

La huitième section est encore un poème, d'une autre nature. « L'Époque des illuminés » est une sorte d'ode, de chant prophétique ; c'est un genre ou sous-genre auquel Michaux reviendra par à-coups. Il est ici fondé sur la colère et un sentiment d'apocalypse dont l'époque en lui se saisit, pour s'annoncer comme avenir, époque des illuminés. Le texte obéit aux principes mêlés de l'énumération, de l'adresse, de l'invective, de l'admonestation et de la prédiction. Il est aussi creusé par l'autobiographie et l'image de soi. La première, flottant de manière indécise, se fixant en des points rétrospectivement localisables, culmine dans deux segments de phrase glissés au fil d'énumérations (« et la vie est précieuse à qui en a déjà perdu 26 ans, et les cheveux tombent rapidement d'une tête qui s'obstine » ; « Ce sera atroce pour ceux qui s'apercevront qu'ils auraient dû se tenir le cœur en état[1] »). Michaux s'enveloppe d'autre part dans une double image indirecte, en partie contradictoire. Il s'écrie d'abord que l'époque appartiendra « aux accélérés, aux sans famille, à ceux qui n'ont aucune technique, mais un imperturbable appétit ». On aura reconnu son désir de vitesse, son déni de famille, son appétit d'autodidacte, sa singulière énergie. Mais il est aussi bien un de ces illuminés qu'il invoque et auxquels il s'adresse enfin. Sa façon de le faire est étrange : d'un côté l'illuminé devient l'objet d'une utopie, devant saisir la chance de l'époque ; de l'autre « un illuminé se mange lui-même la moelle » :

---

1. P. 219 (le texte paraît en revue au cours de l'été 1927, presque en même temps que le livre ; Michaux se rajeunit donc de deux ans : coquetterie ou flottement, p. 216).

l'utopie se renverse et « l'avenir s'invaginera dans le Passé comme il a toujours fait[1] ». À travers la pluralité des temps indépendants et disloqués qui s'empilent dans *Qui je fus*, ces mots de la fin ouvrent une tension entre deux temps plus nets et fondamentaux : d'un côté, un avenir d'utopie, qui s'étend du futur le plus lointain à l'instant même ; de l'autre, un avenir sans avenir, sur lequel le passé se referme en futur antérieur. Un sujet se cherche entre ces deux temps qui relèvent aussi bien de la vie quotidienne que de la généalogie du monde.

Comment qualifier « Fils de morne », la dixième et dernière section de *Qui je fus* (on saute la neuvième, pour y revenir aussitôt) ? Il s'agit d'un récit incertain, fragment ou début de roman qui se boucle ironiquement, annonçant dans sa dernière phrase un roman virtuel dont son héros deviendrait le sujet. « Fils de morne » devient donc le texte qui renvoie le plus nettement à ces rêveries autour du roman qui ont alors tant agité Michaux[2]. La première partie est régie par le modèle de l'hypothèse transformatrice : une humanité privée d'écriture et d'art, devenue muette et sans mémoire, se trouve guérie selon des méthodes fantastiques qui laissent infirmes un certain nombre d'êtres, « les mornes », dont on cherche dès lors à se débarrasser. Un personnage hante cette première partie, d'un seul tenant simple témoin, démiurge et point focal, à la fois « Il » et deux fois « Je » : « Le Roi est descendu dans la rue, et il s'étonne. Son peuple est changé, et peut être tout le royaume et le monde. […] Je ne suis

---

1. P. 219.
2. Cela semble d'autant plus net que le texte est daté : 1924-1927.

pas excessivement brute, peut-être un peu voyeur, c'est métier de Roi, je voudrais tant voir un accident[1] ». La seconde partie du récit — qu'un blanc sépare bien de la première — hérite des éléments de l'hypothèse, et met en scène une famille : les Chahux (il suffit d'en sortir le second « h » pour trouver la deuxième syllabe du nom de Michaux). Le fils, l'un des fils, Jean Chahux, est un morne, qui guérit quand son père à l'inverse le devient et donne, fait unique pour un morne, naissance à un troisième enfant. Cet enfant, Jean-François, pourrait être morne aussi bien, si enfin il n'acceptait de parler : il ouvre ainsi la voie à ce « roman de Jean-François Chahux » qui ne s'écrira pas mais dont l'œuvre à venir deviendra la transformation, comme déjà l'annonçait sur un autre mode le dialogue fondateur du héros avec ses « Qui-je-fus ».

« Poèmes » : ainsi s'intitule la neuvième section de *Qui je fus*, ouvrant dans le livre un sillon. Ce titre clair est ambigu. C'est le seul titre générique : il tranche par là sur les neuf autres et semble dire au moins ce que ces neuf chapitres ne sont pas ou ne seraient pas. C'est jeter un doute sur les deux textes « Adieu à une ville et à une femme » et « L'Époque des illuminés » (sections VII et VIII), qu'il faut pourtant qualifier de « poèmes » — ne serait-ce qu'à cause de leur disposition versifiée, bien que le second compte de longs fragments de prose plutôt dissertative —; mais ils pourraient l'être moins purement que les quinze autres textes réunis sous ce label. Du piège

1. P. 236 et 237. Voir, dans la Notice de *La nuit remue*, la partie intitulée « La question du royaume », Pléiade, p. 1179-1180.

ainsi tendu par Michaux, et où il se saisit lui-même, on ne sortira pas. Pendant plus de dix ans, en particulier dans les grands recueils composés avec soin à partir de recueils et de textes antérieurs (*La nuit remue*, *Plume*), on trouvera ainsi une section «Poèmes» entretenant avec les autres textes et sections du livre un rapport vacillant et polémique. C'est là une des façons qu'a Michaux de toucher ce qu'il ne peut nommer en dépit du regard acéré qu'il se porte, sur la nature d'une expression multiple dont il se sent le lieu exact mais indécis.

Trois genres ou champs sont nommément cernés dans *Qui je fus*, par un mélange d'ironie et d'objectivité : le roman, la philosophie, la poésie. Mais on comprend que c'est en même temps bien au-delà des genres quoique grâce et à travers eux que s'effectue le travail de transmutation d'une écriture à la recherche de son « Grand Secret[1] ». On distingue en effet quatre grands modes dont le tressage permet de répondre à la variété comme à l'unicité de l'invention de Michaux. Le premier est le *narratif* — c'est le mode de l'accident et de l'événement. Le second est le *déductif* — c'est le mode de l'enchaînement logique et de l'argumentation. Le troisième est le *descriptif* ou *évocatif* — c'est le mode de la vision, de l'impression, de la qualification. Le quatrième mode, qui diffère des trois premiers en ce qu'il touche un genre, la poésie, ou au moins une qualité attachée surtout à ce genre même si elle est loin de s'y réduire, est l'*invocatif*. On vise par là plus directement la voix, tant dans ses postures d'adresse que dans les valeurs propres de sa dynamique interne.

---

1. C'est la fin du « Grand Combat » : « On cherche aussi, nous autres, le Grand Secret » (p. 231).

L'invocatif se reconnaît ainsi à trois grands traits. Le premier montre un assouplissement et une réduction des normes syntaxiques au profit d'effets de montage, d'ellipse, de juxtaposition. Le second, plus fondamental, touche à l'insistance du rythme : que ce soit dans la recherche du vers et la liberté d'une prosodie qui tranche sur la prose, ou dans le travail plus verbal de l'allitération, ou celui, fréquent, protéiforme, de la répétition[1]. Plus singulier, le troisième trait découle d'une concentration sur le mot même : il cerne l'invention d'une « langue », ou plutôt d'un « langage », comme par extension de la force pure du rythme, par association, dérivation, dérive et martèlement.

On retrouve ces trois traits de l'invocatif dans les « poèmes » de *Qui je fus*. Cinq poèmes sur quinze — « Glu et Gli », « Le Grand Combat », « Saouls », « Mariage », « Traduction » — présentent ainsi une proportion plus ou moins concentrée (mots isolés ou en série) de langage forgé[2]. Mais un sixième — « Toujours son "Moi" » — en mime les effets par une succession soudaine de quatre mots-vers à la fois soudés et déconnectés, les deux premiers argotiques ou familiers, les trois derniers saisis dans un fort mouvement d'allitération : « foutu / maboule / matraque / ma trêve[3] ». De même, comme pour marquer qu'aucune règle ou norme ne vaut comme telle, Michaux n'a pas manqué, face à quatorze textes en vers libres et

1. C'est toute la problématique du « mot gong » chez Michaux. Voir p. 48 et n. 2.
2. Sur la nature et les implications de ce « langage » qualifié par René Bertelé d'« espéranto lyrique », voir la Notice de « Rencontre dans la forêt » (Textes épars 1934-1935), Pléiade, p. 1158.
3. P. 223.

en strophes, d'en opposer au moins un composé
d'un unique paragraphe de prose (« Exterminateur —
midi »). Il intitule aussi un de ces poèmes « Conte du
dit », jouant de la divergence des genres. Ou encore :
pour achever le récit-faux roman « Fils de morne »,
Michaux recourt avec une force insidieuse à son espé-
ranto[1]. Ainsi se trouve reversé au compte du roman
familial esquissé, et dans la progression d'une phrase
de prose, l'un des trois termes moteurs (« glo ») du
premier et de l'un de ses plus forts poèmes (« Glu et
Gli »), fondé sur l'énumération, l'interjection et l'ono-
matopée.

Ces effets de contraste, de collusion, de glissement
et d'interpolation entre genres et textes sont d'autant
plus prégnants qu'on retrouve, d'un poème à l'autre
comme à l'intérieur de certains d'entre eux, une répar-
tition des rôles et des personnes, donc des instances
narratives et argumentatives, semblable à celle qu'on a
vu à l'œuvre dans les textes de prose, aphorismes-
maximes ou récits ou proses brèves — par exemple
celles de « Partages de l'homme », que la tradition litté-
raire appelle faute de mieux depuis Baudelaire « prose
poétique » ou « poèmes en prose ». On compte ainsi
huit poèmes à la première personne du singulier (dont
trois où seul l'adjectif possessif l'atteste), et sept à la
troisième (deux sont à mettre au compte d'un « on » et
d'un « ils » de généralité ; l'un des deux, « Conte du dit »,
introduit un personnage épisodique, « Rapistache »).

Quant à la thématique des « poèmes » — ce qu'ils

---

1. « Allons c'est l'âge de dire "maman", ou "mama ou papa",
c'est l'âge et de quatre mois bientôt passé, tu n'y couperas pas,
parle ou tu es morne, ou pis encore. Tu peux dire "manou,
ranou, nanou", tu as beaucoup de latitude, tout de même un glo
de toux et de suffocation » (p. 245).

disent, qui leur donne matière, force, couleur —, elle est presque en tous points semblable à celle qui ressort de l'ensemble des textes des neuf autres sections du livre. Si ce n'est que la pression plus directe de l'invocatif confère aux thèmes une qualité propre. Mais jamais cette qualité ne se transforme en une valeur qui s'ajouterait à la prose pour la transfigurer, et dont celle-ci s'avouerait en quête. Une qualité telle devient le résultat fragile et temporaire d'un équilibre atteint ici et partout ailleurs autrement réalisé, selon une proportion chaque fois singulière d'éléments et de forces qui dessinent la ligne mobile d'une voix. Cette voix est ainsi une, d'être multiple, d'une multiplicité qui la fait avant tout variable, irréductiblement.

On reconnaîtra cette voix à plusieurs caractères, qui s'affirment ensemble et prennent corps dans *Qui je fus*, premier recueil. Ils se moduleront par la suite de livre en livre selon des inflexions, des proportions, des équilibres, des accents différents. Mais ils demeureront les processus de subjectivation propres à tout ce qu'écrit Michaux, se formant selon les trois régimes eux-mêmes entrelacés des modes expressifs, des genres littéraires, des voix énonciatives.

Le caractère le plus difficile à nommer est l'accent de simplicité qui ressort de la phrase — ou du vers libre, si libre — de Michaux. Jusque dans les moments où elle doit le plus visiblement sa force à des empreintes rhétoriques (c'est le cas, par exemple, de tout ce qui ressort de l'insistance, énumération ou répétition), cette phrase est comme lavée des présupposés de la langue littéraire. Elle semble naturelle. Comme l'est son humour, noir ou léger, toujours en tiers inclus. D'un mot anglais difficile à traduire, on dira cette

phrase *casual* : quotidienne, fortuite, désinvolte, acci-
dentelle, fût-ce pour saisir l'essentiel[1].

C'est que l'essentiel même est fortuit. « L'homme
est une âme à qui il est arrivé un accident[2]. » Un acci-
dent qui n'a de sens qu'à éclater en de multiples et
multiples accidents, effaçant jusqu'au souvenir d'une
chute première, affirmant seulement leur prégnante et
infatigable immanence. Ainsi, là où Breton veille à ne
pas égaler aux « meilleures » ses « minutes de dépres-
sion, de faiblesse », là où il dit avec fierté : « [...] je ne
fais pas état des moments nuls de ma vie[3] », Michaux
commence à vivre et à écrire sans pouvoir faire cette
distinction, sans avoir les moyens d'idéaliser des
moments prélevés sur d'autres. Faute de n'être pas, de
ne pas même pouvoir imaginer être, Michaux peut seu-
lement chercher comment exprimer tous les moments
qui le traversent. Écrire n'aura donc de sens ou plutôt
de réalité qu'à faire interminablement le tour d'un
« Moi » aussi haï que désiré, qui cherche à être mais se
trouve sans cesse dénué de consistance, à travers une
division et une prolifération défiant origine et identité.
Si bien que par une illusion de ressaisie à peine moins
trompeuse que d'autres, ce premier recueil semble
tenir entier dans un échange imaginaire entre les trois
« qui-je-fus » du dialogue inaugural, appelés en eux-

1. Parmi les critiques de l'époque, Jean Cassou a très bien
souligné cette singularité de Michaux : « On est en présence d'un
esprit neuf, intrépide, au regard de qui toutes choses sont égales
et qui use d'une langue simple, nette, naturelle, si naturelle
qu'elle reproduit le ton d'une conversation métallique, railleuse,
où entre même parfois quelque pointe fanfaronne d'accent
belge » (Cassou écrit cela à propos d'*Ecuador*, mais ses articles
sur *Qui je fus* et *Mes propriétés* vont dans le même sens).
2. P. 178.
3. *Manifeste du surréalisme* (1924), Folio essais, p. 18.

mêmes à proliférer, et le « je » démultiplié de « Toujours son "Moi" », un des poèmes les plus saisissants. Celui-ci se parcourt, protéiforme, à travers de nombreux états que chaque « je » supporte, jusque dans les dérives de la paronomase : « enfoui et fuyant / fortune femme flamme / m'affole / s'affole ». Ainsi s'affirme-t-il dans son « affolement », « cet être de gaz et de mystification / avec son "moi, moi, moi" toujours et tout gros dans la bouche ; / on voudrait tant penser à autre chose // et vous autres aussi, allez, passez votre chemin / Monsieur est absent / Monsieur est toujours absent / adieu je vous prie, il n'y a ici qu'empreintes [1] ».

Ainsi s'enclenche un rapport à sa propre vie qui doit en fin de compte peu à la confession et à la rétrospection, bien que s'y trouvant engagé ; tout comme le projet, en début et en fin de recueil, s'arrête clairement très en deçà du roman qu'il convoque. Voilà ce que fait virer sur soi-même ce titre ambigu, *Qui je fus*. Le passé supposé qu'il nomme devient une masse disjointe de présents, se mêlant et s'entrechoquant, quelles que soient les pointes de passé qui affleurent, faisant surgir les traces d'une vie dont on peut doter le héros-sujet flottant qui se les prête. Mais on voit bien que c'est un peu peine perdue, même quand, de cette vie, il devient possible d'apporter les preuves. Car cette écriture de soi peut seulement se concevoir en associant des données qu'on devine ou qu'on sait chargées de réalité biographique à une infinité d'éléments qui ne relèvent pas d'une vérité du même ordre. Tout simplement parce qu'il n'y a plus

1. P. 224. C'est cette turbulence que Michaux charge le dessin d'exprimer pour la première fois en parallèle, lors de la publication du poème en revue, sous le titre « Essoufflement » (voir En marge de *Qui je fus*, p. 256).

vraiment d'index de la réalité biographique elle-même, dès l'instant où celle-ci se saisit comme une matière en expansion. C'est donc dans ce vacillement — Michaux dira : « un léger vacillement de la vérité[1] » — que ne cesse de s'inventer une fiction de soi. Elle tient à une capacité de transformer dans le présent de l'écriture tout ce que l'imagination de soi agglomère et conçoit comme réalité possible. C'est dire à quel point elle est indissolublement actualité et virtualité[2].

Le texte qui ouvre *Qui je fus* et lui donne son titre est à cet égard éloquent. C'est un des tout premiers écrits de Michaux, à peine postérieur à l'essai sur le rêve et à *Fables des origines*. Les trois comparses qui habitent le « Je », l'obligeant tour à tour à consigner des divagations que celui-ci amende pour leur donner une forme acceptable, sont présentés comme des voix déjà anciennes en lui[3]. Mais par la mise en scène ainsi adoptée, c'est au présent que ces voix parlent et écrivent à travers lui, et que le texte fictivement se compose. Le passé supposé des trois « qui-je-fus » « philosophes » et le présent sans réalité véritable de « moi qui suis », aspirant au roman — « À chacun son morceau du temps : vous fûtes, je suis. Je travaille, je

---

1. *La nuit remue*, *Poésie*/Gallimard, p. 194 ; Pléiade, p. 512.
2. C'est dans *Différence et répétition* (P.U.F., 1968) que Deleuze substitue à l'opposition trop simple entre le réel et le virtuel une opposition entre l'actuel et le virtuel. Il souligne ainsi à quel point le virtuel « possède une pleine réalité », fait partie de l'objet réel. Le virtuel se distingue par là du possible, opposé au réel en tant qu'il le réalise ; alors que le réel peut être qualifié comme actualisation du virtuel. On trouve un exposé rapide et clair de la question dans le livre de Pierre Lévy, *Qu'est-ce que le virtuel ?*, La Découverte, 1995, p. 13-14.
3. « Vous avez vécu un an, deux ans dans notre commune peau et vous me faites la loi, à moi qui suis » (p. 181).

fais un roman[1] » —, ces deux temps virtuels s'allient dans cet autre présent déjà futur où s'écrit ce qui n'est ni roman ni philosophie mais une forme imprévue de fiction réflexive.

À l'autre extrême, cette réflexion en acte surgit du langage forgé de « Glu et Gli ». Il suffit d'une série enchaînée d'allitérations, chacune soutenant une proposition, pour passer de « pas » à « papou » à « papas » à « papes » à « papier » ; et ainsi à deux voix qui prolongent celles des trois « Qui je fus » : l'une maudissant le papier qui demeure soumis à l'écriture, impropre à suivre l'envol de la pensée ; l'autre acceptant à contrecœur cette malédiction[2]. La force du processus tient ici à ce qu'il se trouve engendré par la pression propre du corps, du langage qui en jaillit, thématiquement et phoniquement. Cela s'opère à partir des mots-vers devenus fameux[3], qui ouvrent ce poème ouvrant lui-même la partie « Poèmes » de *Qui je fus*. On y a reconnu une sorte d'essence de Michaux et il s'y est lui-même accepté au point d'extraire de ce livre mis au purgatoire la première moitié de « Glu et Gli », pour le compter parmi les six extraits de *Qui je fus* retenus dans *L'Espace du dedans*.

Le corps est ce qui lie ces divers caractères propres à la voix de Michaux (la folie expressive vouée à s'emparer du corps se trouve encore, dans *Qui je fus*, contenue). La langue de Michaux naît vraiment du malheur du corps désarmé : voilà ce qui la rend si simple, directe, élémentaire, sans apprêt. Le corps est

---

1. P. 173.
2. « Oui ! je te suis bien pareil, papier, / toi et moi dominés et salis, victimes de notre éternelle anémie » (p. 222).
3. « et glo / et glu / et déglutit sa bru / gli et glo / et déglutit son pied / glu et gli / et s'englugliglolera » (p. 220).

aussi avant tout le lieu de la fiction ; il est le support des événements, plutôt qu'il ne penche du côté de la confession, de la recherche de mémoire. C'est en lui que l'acte d'écriture à la fois se réalise et s'imagine. Pour toutes ces raisons, il ne peut être le support d'une image. Il est, toujours, plus fort, plus profond que l'image désireuse de le reproduire.

Une lettre de Gaston Gallimard, deux mois avant la parution de *Qui je fus*, montre que Michaux avait d'abord envoyé un dessin pour servir de frontispice à son livre destiné à paraître dans la collection « Une œuvre, un portrait[1] ». Son éditeur fait donc remarquer à Michaux que la formule de la collection « oblige à donner à l'acheteur un portrait dont l'intérêt documentaire est égal à l'intérêt artistique » ; il demande « un autre portrait et, au pis aller, une photographie ». On ne sait quel dessin a envoyé Michaux, et aucune lettre de lui n'a été retrouvée, touchant cet épisode[2]. Mais il est clair qu'il cherche à inaugurer une stratégie à laquelle il sera fidèle : substituer à la photo ou à ses équivalents, surtout en couverture, une peinture ou un

1. Lettre du 29 juin 1927.
2. On sait seulement qu'il demandera encore, le 16 juillet, dans une lettre adressée à un employé des éditions Gallimard, une épreuve de son dessin. On ne sait pas non plus à partir de quelle photo de Michaux a été effectué le portrait gravé sur bois, réalisé, comme d'autres de cette collection, par G. Aubert. En revanche il existe un exemplaire du livre où le portrait a été rageusement rayé d'une croix et d'un « non », avec la signature de Michaux, confirmant son refus (cette image provient d'un exemplaire sur lequel le nom du dédicataire a été effacé ; il appartient aujourd'hui à Jean-Luc Steinmetz qui l'a trouvé dans sa famille ; l'image a été reproduite en couverture du volume *Méthodes et savoirs*). Plus largement, sur la question du portrait, voir la Notice des Textes épars 1936-1938, Pléiade, p. 1228 et suiv.

dessin[1]. Ceux-ci échappent en effet à la chronologie, au nom, à la réalité — bien au-delà du fait que Michaux ait répugné à dater ses œuvres plastiques et à les intituler. Leur chronologie appartient à l'épopée immémoriale du corps intérieur, qu'elles ne représentent pas, dont elles expriment seulement un état.

On ne peut rêver contraste plus clair entre ce vœu modeste de Michaux alors demeuré lettre morte, et la photo que choisit Breton de lui-même pour s'introduire dans *Nadja* après celles qu'il a déjà incluses. Elle éclate, impériale, éclairée par l'arrière, au revers d'une affiche lumineuse des ampoules Mazda d'où semble lui venir cette lumière. Elle porte en légende : « J'envie (c'est une façon de parler) tout homme qui a le temps de préparer quelque chose comme un livre[2]… »

Raymond Bellour

---

1. Ou à défaut une ombre, comme pour l'essai de Napoléon Murat, *Michaux*, « Classiques du XXe siècle », Éditions Universitaires, 1966, reprise du frontispice du livre de Robert Bréchon, réalisé en 1958 pour ce livre par Karl Flinker.

2. André Breton, *Nadja*, Gallimard, 1928, p. 204. Il s'agit de la disposition originale, modifiée en 1963.

LES RÊVES ET LA JAMBE, FABLES DES ORIGINES

ET AUTRES TEXTES

1922-1926

CAS DE FOLIE CIRCULAIRE

À M. Hermann Closson[1].

CHAPITRE I

Il se croit Maldoror[2].

Un jour que Brâakadbar poursuivait le Créateur, qui s'était tapi dans une éponge siliceuse à la manière des crabes quand s'approchent leurs ennemis sanguinaires — car Il sait, en ayant souffert l'ardeur, les yeux implacables de celui que les eaux d'aucune planète, ni les rochers aux arêtes peu pitoyables (du moins je le pense) n'ont jamais arrêté, — Il s'aperçut qu'il se trouvait dans les colonies humaines où les chiens amis de l'esclavage abondent. Il entend l'homme à la langue musculeuse louer les œuvres de Celui dont il a juré la perte. Aussitôt il sent dans sa poitrine son cœur frapper comme le marteau à double tête sur un clou.

Il s'approche, écarte de ses mouvements houleux les assistants épouvantés, comme le requin traversant un banc trapézoïde de sardines, et l'emporte sur la croupe rapide de son coursier.

Oh! Homme! tu es plus effrayant que le tigre, ne bougeant plus, happé par les testicules au piège d'acier peu élastique — on le sait — quoique tes hurlements fictifs ne me parviennent que grâce à l'emportement de ma jouissance.

Qui pourrait prétendre, en effet, que des sons articulés sortent distincts de cette bouche où quatre truellées de mortier furent appliquées contre la voûte palatale, en contreforts éminents. De l'aiguille longue, qui ne me quitte jamais, tes lèvres sont énergiquement cousues du chanvre solide et grêle. Car, encore que le philosophe pourrait prétendre que ces adjectifs s'excluent l'un l'autre — j'ai vu des critiques se débattre pour des choses plus futiles — Ah! dans cette conjecture horrible...

Lecteur! écoute mes paroles de prudence. Cache-toi au plus profond de ta cave, ayant rampé vers un tonneau cerclé de fer et n'élève pas vers moi l'écho affaibli de tes protestations.

Je pourrais, en y mettant la ruse, s'il le faut, approcher ma vengeance du corridor de ta maison, me glisser vers toi, en ronronnant doucement comme les criquets qui s'apprêtent à accomplir des bonds élevés, subitement t'enfoncer les mandibules trois fois acérées dans la glotte admirable et y travaillant avec ardeur comme dans un vagin longuement convoité, en retirer les organes internes, dont les médecins sont fiers, du moins je le suppose, quoiqu'ils puissent compter leurs victimes dilacérées puissamment, et moi, même prenant mon temps, NON!!

Ne te fie pas à la franchise de mes paroles audacieuses. Si mauvais que tes voisins t'aient éprouvé, le

fils du scorpion ne te reconnaît pas comme son sem-
blable. Car si loin qu'il creuse dans la crypte de sa
mémoire, il ne se souvient pas d'avoir eu l'homme
comme ancêtre.

CHAPITRE II

*De l'application du fer doux sur la nuque se dégage
une nouvelle personnalité : celle d'une petite fille*[1].
*— Céphalalgie, dissymétrie sensorielle et fonctionnelle
(prédominance du cerveau gauche), phénomènes méta-
psychiques, clairvoyance et extériorisation de la sensi-
bilité.*

Qu'il est méchant ce matin !
Il veut…
Ouh ! ouh !

(anxieux)
Pas si fort, ne pousse pas si fort.
Il veut me renverser
avec un édredon,
plus, avec un paillasson.
Vite ! vite à droite, à droite vite !
Hi ! hi ! hi !
Voilà, je l'avais dit.
Maintenant, c'est trop tard ; je suis dévissée.
Quand on m'a opérée au ventre, il y a un mois,
le médecin a oublié un demi-tour ;
Maintenant, je suis tout à fait dévissée !

Le bonze doré, quand je passe dans le boudoir
ah ! d'un petit coup de mon pouce
il tourne, il tourne,
il tourne.
Le bonze doré, sur ses jambes entrecroisées
montre, à la fois
son nombril et son derrière fendu.

Non !
oh non ! ça jamais ! non je ne serai pas cul-de-jatte.
Ils sont tous vieux, tellement vieux,
la figure chiffonnée comme un mouchoir de poche,
avec des poils raides,
des poils qui collent ensemble.

(satisfait)
Je sais bien pourquoi :
c'est parce qu'ils se mouchent le nez dans les doigts.
Ils sont tout pleins de poils ;
On ne voit plus les yeux, ni la bouche ni les oreilles.
Celui qui vend des crayons, rue d'Italie,
a une tête
comme une tête de crevette.

(avec effroi)
Les poils de la jambe,
alors ?
Est-ce qu'ils monteraient sur la figure ?

(douloureux)
Oh ! qui est-ce qui me fait mal ?
On presse des ardoises de chaque côté contre ma tête.
C'est comme quand on met une bottine trop étroite
avec un chausse-pied.

On veut me chausser la tête !
Pour se moquer, on veut me chausser la tête
avec une aiguière !

« Il faut songer à autre chose », a dit le docteur.
« Quand tu as mal, fais cinq phrases
sur un des rois de France.
Tu ne sentiras plus rien.
— Lili non plus ? »

(récitant comme un écolier)
    Lili a mal quand j'ai mal ;
    Moi j'ai mal, quand Lili a mal.
    Quand Lili s'est cassé le bras, à la mer,
    j'ai eu mal juste à ce moment,
    et mon bras a gonflé.
    Même si elle ne parle pas tout haut,
    mais seulement derrière sa langue,
    j'ai tout compris.
    Qui est-ce qui se met entre Lili et moi,
    à qui on fait mal aussi et qui répète ce que nous disons,
    et qui ne dit jamais rien d'elle-même.

(se rengorgeant — voix de vieille dame — puis il rit)
    Cette personne n'est pas fort intelligente !

    Cinq phrases. Vite.
    Charlemagne est le plus facile : il a beaucoup tué,
    beaucoup fait la guerre.
    « Charlemagne a battu les Saxons. Une !
    Il a baptisé Witikind. Il ne savait pas écrire. Trois !
    Il a été à Rome... en hiver... pour recevoir une
        couronne du pape.
    Il a (encore une !) Il est né en sept... Non !
    il est mort en huit cents, mort en huit... »

(Il s'agite convulsivement. S'arrête tout à coup, se caresse les tempes et le front près de l'œil gauche.)

(têtu)
    Je ne cherche plus.
    Je ne chercherai jamais plus.

(avec angoisse)
    Il ne faut pas que la chenille ait chaud.
    Elle gonfle ! Elle gonfle !
    C'est ma faute. À cause de toutes ces dates,
    il fait trop chaud dans ma tête.
    Mais, comment la chenille est-elle entrée
    dans la veine au-dessus de l'œil,
    et qu'elle n'avance ni ne recule jamais ?

(violemment)
    Mais ce n'est pas une chenille.
    C'est le macaroni que j'ai avalé de travers.
    Il est remonté jusque-là. Il ne peut plus descendre.
    C'est alors que j'ai tant toussé… au dîner de…

(explosif)
    en huit cent quatorze ! — Cinq !
    Il est né, il est mort en huit cent quatorze !
        (Convulsions.)

CHAPITRE III

Il se figure être en préhistoire et son ignorance cyclique des noms d'Homère, de Virgile, de l'Égypte, de la Chine, est absolue et ne paraît guère une feinte.

Dans cet état, il ne reconnaît aucun nom propre connu, quoique son vocabulaire ne paraisse pas diminué autrement. Trait caractéristique : il fait autant de gestes avec le bras gauche qu'avec le bras droit et ses jambes sont également expressives.

ORIGINE DE LA PEINTURE

Quand ils eurent dévoré le cœur, Briskaieidiou suspendit la tête par les tendons enroulés trois fois.

« Ochtileou,

« Les panthères à la peau éclaboussée de sang noir chassent, et, dans le sombre, ne désertent pas la piste fraîche.

« Il est pénible pour l'homme de se baisser vers une caverne obscure, craintif, parce que ses yeux sont obscurs pendant le jour de la lune, qui suit le jour du soleil.

« Va, t'étant muni de pierres, par leur forme propres au jet lointain, et dépouille cet homme, mû par un dessein caché qui, ayant grimpé sur la dernière branche du plus haut orme de la forêt, dérobe le soleil et, l'ayant roulé devant lui jusqu'à l'aube, parcourt une grande course. »

Ochtileou raconta au-delà des forêts les jambes pesantes qui collent à une terre colorée comme la nuque des oiseaux mâles, des empreintes profondes comme les racines des pins ou comme des sources chaudes — et le soleil entraîné par un fleuve retentissant. Il jeta dans la caverne des becs, et des têtes d'animaux rares et une bête très grosse cachée dans une coquille épaisse et la terre molle, qui était dedans, s'éparpilla sur les parois en masses inégales et diverses.

Alors Isiriel, femme de Brisgaieidiou, très agréable certes, car couchée contre l'homme robuste, elle n'est pas inactive quant au mouvement de ses fesses, considérant avec rapidité la paroi de la caverne frissonna, ayant reconnu la virilité rouge, très puissante mais un peu tordue, d'un gorille incliné — et aussi ses yeux — et son geste.

Ainsi fut établi parmi les hommes combien l'*image* des choses est délectable.

CHRONIQUE
DE L'AIGUILLEUR

CHAPITRE I

AUTONOMIE DE DÉVELOPPEMENT DES FACULTÉS,
CENTRES NERVEUX, ASSOCIATIONS D'IMAGES...
ET LE POT.

Supposons qu'un jour, les chaises, au lieu d'osier tressé, soient garnies de pointes d'acier.

Quoi ? Quelle influence ? — Réaction ? Réaction contre le Gothique l'Empire ou le Rococo ?

Eh ! le fait c'est qu'il y aurait *UN NOUVEL ÉTAT PHY-SIOLOGIQUE*, une nouvelle sensibilité des hommes qui fabriquent les chaises et par la suite une nouvelle sensibilité des hommes qui s'assoient sur les chaises.

*

Ainsi, Stravinsky[1], Oscar Herzog[2], Kandinsky, Picasso, Marinetti fabricants.

Le Public dit : « Quelle monstruosité ! je m'éreinte à la besogne huit heures par jour, pour n'avoir ensuite où me reposer qu'une chaise à pointes d'acier ; j'ai mal aux fesses » — et il reprend Berlioz et Verlaine.

Quelques *x* ans après, s'y étant petit à petit accommodé, il goûte les nouvelles chaises comme le tonique qu'il lui faut.

À cette heure, MM. Y., fabricants, sentent l'envie de se reposer le derrière dans de grandes coquilles, fabriquent des sièges dépourvus de dossier, et le public... et *x* ans après...

LE NOUVEL ÉTAT PHYSIOLOGIQUE SE MANIFESTE À DES TEMPS DIFFÉRENTS POUR LE CRÉATEUR (FABRICANT) ET LE CLIENT.

٭

Quelques faits.

L'intelligence et la sensibilité font des opérations autour des choses parlées, entendues, écrites, lues, vues, dessinées, mimées...

L'agraphie, l'aphasie, la surdité verbale, la cécité mentale, quand on cogne au cerveau, révèlent l'étendue du domaine que ces fonctions possèdent dans le cerveau, et *l'autonomie de leur fonctionnement* et, par conséquent, *l'autonomie de leur développement*.

٭

C'est un fait historique. Parfois, des Chinois mettent un enfant en pot.

Une partie de l'enfant, du talon à la ceinture, est dans le pot; l'autre partie est au-dessus du pot.

La partie en dedans s'atrophie (pieds comme des semelles).

Des naturalistes traitent suivant cette méthode la mouche domestique. L'orifice de sortie est ici d'un diamètre inférieur à la tête de la mouche.

Alors, de la tête sort ce qui peut sortir. La tête pousse à l'extérieur une corne, une trompe. On obtient des mouches à corne.

C'EST L'AUTONOMIE DE DÉVELOPPEMENT DU PHYSIQUE ANIMAL.

*

De tout temps, usage, morale, lois, parents ont mis les intelligences des enfants, des jeunes générations en pot.

Toutefois, le pot du cerveau n'est pas le pot des membres corporels.

À telle époque, variable pour les individus, le pot éclate ; au moins, il se crevasse.

Autre fait : comme l'intelligence se trouve dans le pot, elle ne peut aller dehors se rendre compte qu'il y a un pot autour d'elle.

Ils ne croient pas qu'ils sont en pot !

Et moi je dis mieux : On a changé les pots ! Les parties qui étaient dedans ne sont plus dedans, celles qui étaient dehors ne sont plus dehors. Voici ce qui est arrivé : (l'incrédule ne prouve que ceci, qu'il est dans le pot) deux fois on a changé la disposition des parties du cerveau dans le pot et deux cornes ont poussé.

AUPARAVANT PRÉDOMINANCE
DE L'IMAGE VERBALE :
INTELLIGENCE VERBALE

À la Renaissance se développe l'imprimerie. Depuis… on lit, on lit… papier… on écrit, on écrit… on lit.

C'est la première trompe ; DÉVELOPPEMENT SOUDAIN ET PETIT À PETIT PRÉDOMINANT DE L'IMAGE GRAPHIQUE (LECTURE, ÉCRITURE, IMPRIMÉ).

Tout le monde sait que le Théâtre meurt, la phrase parlée, la phrase gueulée, la phrase. L'Éloquence.

Le centre de Broca[1] pour la parole, pour la parole parlée, entendue, ce centre est dedans, dans le pot ! (peut-être une autre trompe, milieu du XIXe siècle, romantisme, photographie imprimée, extension de l'image virtuelle).

*

Et maintenant, il y a une autre trompe. Le Cinéma la pousse :

3 000 images pour 10 lignes de texte, et 300 000 gestes pour une page écrite.

*Prédominance, développement prodigieux de l'image visuelle et prédominance sur celle-ci de l'*IMAGE MIMIQUE*, l'intelligence mimique.*

Croyez-vous que l'expressionnisme en peinture et en sculpture n'ait rien, rien du tout, rien rien rien à voir avec cette trompe du centre des images mimiques ?

CHAPITRE II

CIVILISATION SCIENTIFIQUE,
GÉNÉRATRICE D'UBIQUITÉ,
ARTS MODERNES, SIMPLICITÉ, UNIVERSALITÉ.

Préface du phénomène artistique et de tout phénomène humain : Homme + alcool = Homme qui casse les vitres et embrasse les arbres :

1° *Excitation.*

X temps + Homme + alcool = Homme accoutumé, adapté : 2° *Indifférence*. Homme faible + forte dose d'alcool = Homme affaibli* : 3° *Fatigue nerveuse générale*.

Les peuples sont une maison de jeu dans le monde.

Au XIXe siècle, les Européens gagnent plusieurs lots : l'électricité, la vapeur, le microscope, le téléphone, la locomotive, l'unification physico-chimique, psycho-physiologique et biologique des sciences ; le tout : ALCOOL.

> *Le XIXe Siècle-Art casse des vitres,*
> *embrasse des arbres :*
> ROMANTISME *(1° excitation)*

Le XXe siècle gagne en plus l'avion, le radium, le cinématographe, les rayons X, les phénomènes métapsychiques... et bien d'autres lots. Mais il est déjà milliardaire.

Le XXe Siècle-Art est blasé de la complexité, du luxe, des détails (2° *Indifférence*).

Le XXe Siècle-Art entre à la trappe, veut manger des racines, s'enfoncer dans le désert :

CUBISME, ART NÈGRE
LITTÉRATURE ENFANTINE

*

Auparavant. Une école artistique donne à l'école précédente de la même région un coup de poing,

---

* Voir Jean Epstein [1], application étonnante au phénomène littéraire.

enfonce une bosse-procédé, soulève à côté une autre bosse-procédé et une nouvelle... et...

Actuellement. Magazines, cinéma, téléphones, électricité ont à l'homme contemporain fait don d'*Ubiquité*. Actuellement, lui sont connus 5 continents, 200 pays où vécurent 5 000 écoles qui peignirent selon un procédé propre et une originalité propre à chacune, quelques millions de maisons, d'architecture et de situations différentes.

Nos bibliothèques connaissent les anthologies de tous les pays, des milliers de styles originaux.

Le moyen d'enfoncer toutes ces bosses-procédés ?

— Mais nous, en littérature, en peinture « LA MAISON C'EST QUATRE MURS, UNE FENÊTRE, UNE PORTE, ET DU RESTE JE M'EN FOUS... »

Hygiène excellente !

Le cubisme, en peinture et sculpture, naît du même besoin actuel d'universalité et de simplicité que l'Espéranto.

*

Un homme dans un taillis a découpé une branche. Il l'ornemente.

« Pourquoi ? » dit M. X*. « Parce qu'il aime fignoler ». Moi. — « C'est pour la reconnaître ».

Les choses sont indifférentes à l'homme.

Mais voici que l'homme tripote. Alors, il comprend les choses, les possède, les goûte et quand il les revoit,

---

* Ce pourrait bien être M. Ozenfant ou M. Jeanneret qui eut, quelque part dans « l'Esprit nouveau [1] », dit quelque chose comme ça.

une fois tripotées, il sent boum! boum! et joie dans son ventre.

L'Homme apercevait des blocs amorphes de terre molle, il a tripoté tant et tant que, maintenant, un passant distrait peut, de loin, prendre ça pour une femme nue. Sculpture!

Et il a été content.

Arriviste! Arriviste!

Il va montrer tout ce qu'il peut faire et l'art entre dans la vanité de l'enfance. Ils se mettent à fignoler, à fignoler, dessinant chaque cheveu de la tête.

Ils ont peint 1 433 feuilles à cet arbre et n'omettent pas un point de la dentelle de cette robe.

Assez!

Nous avons prouvé notre habileté. Nous pouvons oser le cubisme. Les gens riches, en été, pratiquent le nutétisme. Mais parvenus et pauvres gens n'osent pas aller nu-tête.

Si on allait croire qu'ils n'ont pas de quoi s'acheter une casquette!

*

Le langage parlé a la même embryogénie.

L'homme tourne sa langue, meut ses lèvres et il fait voyelles et consonnes.

L'homme exulta.

Il se mit à tourner et à tourner sa langue.

Il fignole, construit de multiples langues, et aux langues fait des centaines d'argots et de patois.

Mais maintenant : ESPÉRANTO[1].

CHAPITRE III

L'ABRÉVIATION, LA MULTIPLICATION
DES SENSATIONS,
ÉMOTIONS ET REPRÉSENTATIONS ARTISTIQUES
À L'ÉPOQUE MODERNE CONSIDÉRÉES
COMME FONCTION
DE LA PLUS GRANDE VITESSE DE DÉPLACEMENT
DE L'HOMME AU XXᵉ SIÈCLE.

$$V = \frac{E}{T} = \text{Vitesse} = \frac{\text{Espace parcouru}}{\text{Temps employé à le parcourir}}$$

Homme ouvrier de l'Espace. À l'époque moderne, les déplacements de l'homme se font avec une sensible accélération. Dans le même temps, plus d'espaces sont parcourus.

Avant ? hum ! hum !… eh ! l'homme marchait, courait… soit ! et à dos d'éléphant, de dromadaire. Voyons, qu'est-ce tout cela ? Même à cheval au trot, au galop…

Est-ce qu'une trirème romaine « étalerait » un paquebot ? Allons donc ! Pas tant d'histoires ! La valeur de V a positivement augmenté.

Locomotives, autos, sont 20 fois plus vites qu'un homme marchant. Un tramway, un vélo dépassent les chevaux. Un avion fait 1 kilomètre en une seconde.

L'Homme est plus vite.

La valeur de V a une influence reconnue sur le compteur kilométrique… sur les méninges des mathématiciens… sur bien d'autres choses.

Jusqu'où va une influence ? Un épiphénomène peut aussi être plus important que le phénomène.

Psychologiquement, E, l'espace, est pour l'homme un champ de sensation, un champ de vision, un secteur d'observation — *omnia mecum porto* [1] — L'Homme se déplace, avec lui se déplace son secteur d'observation.

N, le nombre de secteurs d'observation successifs augmente proportionnellement à V, à vitesse de déplacement. D, la durée de présentation de chaque secteur, est inversement proportionnel à la vitesse de déplacement.

Les spectacles, les sensations lient des états d'âme, des émotions. Plus nombreux, plus brefs, plus rapides, ils font les émotions et les états d'âme plus nombreux, plus brefs, plus rapides.

$$V = \frac{E}{T} = \text{Vitesse émotive} = \frac{\text{Espace - Champs d'émotions}}{\text{Temps employé à le parcourir}}$$

Émotivement, l'Homme est devenu plus vite.

Les arts révèlent les habitudes émotives d'une époque.

LA LITTÉRATURE ET LA MUSIQUE MODERNE RÉVÈLENT LA MULTIPLICATION. L'ABRÉVIATION DES ÉMOTIONS ET DES REPRÉSENTATIONS. V. B. Cendrars [2], J. Cocteau, E. Satie, Honegger.

En express, en auto, à 100 kilomètres à l'heure : chaque seconde apporte ses objets et les retire. Chaque seconde a son spectacle, son lot, un étang, ou un poteau, un taillis, des arbres, des vaches et une ferme. Incessamment... incessamment.

Et ces successions de spectacles soudains, qui se jettent tout d'un coup à votre figure et s'annulent tout aussitôt comme un figurant de retour aux coulisses, n'engendreraient pas un tic-tac plus rapide de représentations et d'émotions dans les arts, n'y contribueraient pas ?

Pourquoi pas ?

Bass-Bassina-Boulou, par FRANZ HELLENS[1].

Seigneurs de Corneille, ouvriers de Zola, noceurs des vaudevillistes, Fantômas, vous êtes tous personnages trop spécialisés, trop évolués ; vous êtes entrés dans des histoires à la fois trop logiques et pénétrées d'une civilisation trop complète.

Un ami me disait : « Je voudrais tant y voir une fois les hommes marcher sur leur tête ! » Moi, je voulais plutôt voir des barbares, la simplicité des « éloignés de toute civilisation, qui ont assez de 400 mots pour s'expliquer ».

Simplicité, enfin ! Simplicité des personnages, M. Franz Hellens doit aimer les amibes comme d'autres aiment les paons. Bass-Bassina-Boulou est un fétiche qu'un sorcier vient de faire en bois de manguier. Bass est dieu, maître de l'Univers, par définition omniscient, en fait, « omninescient ». Vraie nouveauté ! C'est, je pense, la première fois qu'un écrivain présente un être qui n'est pas un enfant, dont l'entendement soit la *tabula rasa* rêvée des philosophes et fasse ses premières associations d'images et de pensées.

Les précepteurs de Bass-Bassina-Boulou sont d'abord le sorcier, puis, surtout, un chien.

Simples ou fantaisistes, les associations de pensées sont toujours remplies d'ingéniosité. (Bass, quand il rencontre Bouchon de Carafe : « Toi, clair comme œil... Œil pas vivre seul... Toi perdu autre œil ? »)

Simplicité. M. Franz Hellens aurait fait un roman cubiste... Simplicité des matières littéraires. Exclusivement au moyen de quelques couleurs et de quelques formes géométriques, les cubistes font un tableau.

M. Hellens et ses personnages font toutes leurs descriptions exclusivement avec les qualificatifs et désignations primordiaux. (« Choses, créatures... rondes, plates, allongées, droites... Entrer, tirer, avaler, manger, boire, couler. ») Le serpent : « créature allongée ». Le lion : « seigneur à la grosse tête ». La femme : « porte choses rondes et lourdes à la poitrine ». « Le fleuve mange le chien, puis rend le chien. » « Le chien mange l'oiseau et ne rend que la tête. » « Le vent c'est un mauvais génie qui souffle sur la peau et dérange les poils du corps de Makito (le chien). » « Makito lèche les poils avec sa langue mais le vent les dérange. »

Mis à part les trop complexes et un peu loufoques personnages de Bouchon de Carafe, Boutonnière et Suzette et leur parler faubourien, *Bass-Bassina-Boulou* est, à mon sens, le roman le plus expressif d'une tendance de l'esprit moderne. Simplicité vraie, fondamentale. « Être bête au-dehors et sage au-dedans. »

LES RÊVES ET LA JAMBE
Essai philosophique et littéraire

PRÉFACE

Ce qui n'est pas clair n'est pas français [1].

La spécialisation détruisit la tour de Babel, chacun parlait une langue spéciale.

C'est notre époque.

Chimistes, financiers, marins, industriels, chanoines, critiques d'art, philosophes, ont chacun leur argot.

Charabia !

Il n'y a plus que les va-nu-pieds pour se faire entendre de tout le monde.

*

« Rio de la Plata », « Tartane », « Épissure carrée », choses pour un marin. Mots pour tous les autres.

« Crédence », « Style Louis XV », choses pour quelques-uns, mots pour les autres, ou dessins, photos, vues en plan, images à deux dimensions pour les visuels.

Mais « œuf » c'est un œuf pour tout le monde ; une corde c'est une corde. Un bateau, une mare d'eau, un arbre, pour personne ne sont des mots ; ce sont pour tout le monde des CHOSES. Des choses touchées, des choses à trois dimensions.

J'ai essayé de dire quelques choses.

*

Mourly Vold empaquette des dormeurs. Il leur empaquette la jambe[1] ou les coudes ou les bras, ou le cou.

Sommeil.

Puis Vold habille la jambe. La jambe s'éveille : Les images mentales les plus proches, ou les plus familières de la jambe s'éveillent.

Rêve.

Le dormeur rêve foule ou pèlerinages, expositions, boulevards d'une capitale. Puis Vold habille les bras : il en sort de la boxe, des usines en activité. Le dormeur est ligoté. Rêve : un troupeau d'éléphants, en train de marchandises l'écrasent.

*

Vold n'est pas un forain... ni un thaumaturge.

On peut reproduire ces phénomènes.

La nature en fait autant. Une maladie, une lésion, un malaise, une couverture qui glisse découvrant le dormeur, depuis toujours se sont entendus à cette besogne.

Armand de Villeneuve[2] (cité par Ribot[3]). Sa jambe était travaillée par un mal qu'il ignorait.

Armand de Villeneuve s'endort et rêve.

Son rêve : Un chien vient le mordre à la jambe.

La jambe d'Armand de Villeneuve était en fait malade et fut envahie quelques jours après par un ulcère cancéreux.

*

Sommeil : inconscience générale.

Rêve : conscience partielle fragmentaire, et intermittente des membres, d'organes internes ou de la peau.

Rêve : Un grand morceau d'homme qui dort et un petit morceau qui est éveillé.

*

La jambe est intelligente. Toute chose l'est. Mais elle ne réfléchit pas comme un homme. Elle réfléchit comme une jambe.

La jambe n'est pas bête, elle ne marchera pas sur de l'huile ou des bulles de savon, ne s'essaiera pas à faire de la broderie.

Logique de la jambe.

Mais la jambe se rendra nue au milieu des sénateurs, ou à une conférence de suffragettes, ou en propriété privée. Le public, le paysage n'intéressent pas la jambe ; cela n'est pas son affaire.

La logique d'un morceau d'homme est absurdité pour l'homme total.

Caractère du rêve : Le rêve est absurde.

*

La jambe est sensible.

Elle n'a pas d'émotions d'homme. Elle a des émotions de jambe.

L'amitié, la contemplation ? Ce n'est pas son affaire.

Les imprécations de la Bible ? Une toile de Degas ? Je dis que la jambe passera son chemin.

Mais voici un pyjama, du sable fin. Ah ! ou des épines qui font mal !

Émotion de la jambe.

Émotion d'un morceau d'homme est indifférence et froideur pour homme total.

Caractère du rêve : Insensibilité ! Inaffectivité.

*

Un morceau d'homme est éveillé.

Toute activité gêne les alentours.

La jambe est éveillée ; la jambe éveille les fesses, les fesses éveillent le ventre, attaquent le rythme respiratoire.

Plusieurs morceaux une fois éveillés, la plus petite secousse, et tout le bloc est éveillé en sursaut.

Le rêve cesse devant l'émotion, au moment où « ça » va enfin arriver au « ha » d'horreur, de souffrance ou de volupté.

Le réveil, l'émotion, d'abord fragmentaires, tendent à se généraliser.

Émotion générale : Éveil.

*

Un étudiant endormi, dont la main est gantée, voit (en rêve) soudain sortir une main d'un ventre ouvert.

Voici : Soudainement la main s'était éveillée, avait

agrippé l'image mentale la plus proche (dans le cas présent, une réminiscence de la journée); c'était un ventre; la main l'ouvre et en sort. C'est la situation d'un écolier à qui le pédagogue fait faire des exercices de style : « — Le père ivrogne battait ses enfants tous les soirs. — Débrouillez-vous, vous avez une minute et demie, pas une seconde de plus, arrangez-vous de manière à introduire dans cette phrase le mot "daguerréotype". »

Caractère du rêve. Le rêve est fantastique.
Rêve : Coq-à-l'âne.

*

Les muscles striés dépendant de la volonté, les membres doués de mobilité (bras, jambes, etc.) restent éveillés ou dorment mal, de façon intermittente.

Les muscles sont les grands agitateurs, les agents de l'éveil, du Rêve.

Caractère subséquent des rêves :
Les rêves sont mouvementés.

*

Les membres qui ont travaillé plus que normalement, sont la nuit : crasse chimique acides, contractures, picotement, froid, chatouillement, dureté, crampe, douleur lancinante autour des muscles fourbus.

Les membres surmenés par l'exercice du jour restent éveillés.

D'où :
Les rêves sont mouvementés.

*

Les organes non mobiles comme l'estomac peuvent être, par suite de maladie, lésion, indisposition, d'une position défectueuse du dormeur, d'un accident quelconque, peuvent être le siège d'inflammations, de gonflement, d'enflure, de dessèchement, de souffrance aiguë. Ils restent éveillés et sont le noyau germinatif de cauchemars.

*

Certaines substances (chanvre indien, pavot) normalement endorment profondément le corps, procurent une sensation délicieuse ou désagréable à la région du nombril et au bas ventre. Ces régions restent éveillées et enfantent les beaux rêves.

*

L'apparition et la disparition des sensations de chatouillement, crampe, picotement, etc. ne peut être calculée.

Leur loi ? Ces sensations se promènent sur le corps comme le ferait une fourmi, ou plutôt comme un oiseau sautant ici, puis là, sans ordre apparent, provoquant réveil et rêve.

Caractère des rêves : Les rêves sont disloqués, entrecoupés, chevauchant les uns sur les autres.

Rêve : Coq-à-l'âne.

*

Vous désirez faire une promenade dans les bois, mais, vous donnez une réception... Il vous faut rester à la maison.

Vous vous figurez (tout en parlant d'autre chose) battant les buissons, enfonçant le bout de votre canne à travers les feuilles, jouant au football avec les branches mortes. Vous ébauchez ces mouvements. Mais vous êtes au salon. Vous êtes civilisé. Les convenances... Une tasse de thé qu'il ne faut pas renverser sur votre pantalon... Vous faites agir les muscles antagonistes.

Inhibition cérébrale.

La nuit l'inhibition disparaît. Les mouvements se reproduisent en petit.

Le rêve est la réalisation déguisée d'un désir réprimé. (Freud[1].)

*

Toute représentation mentale (chose vue en imagination) s'accompagne de mouvements commencés. Contenance, inhibition.

La nuit, cessation de l'inhibition.

Le rêve est une réminiscence.

*

Tout acte est un choix : l'attention détournée de plusieurs possibilités entrevues, et portée sur une unique possibilité, le rejet hors de la conscience de plusieurs possibilités, l'admission d'une seule ; inhibition, la réalisation d'un mouvement-désir et le sacrifice d'autres mouvements-désirs. Les mouvements-désirs sacrifiés ressuscitent pendant le sommeil et constituent les rêves.

*

Toute vie est un choix.

Des morceaux de personnalité sont rejetés de la conscience, sont sacrifiés, parce que non viables, inopportuns, néfastes au bloc homme public, vivant en société.

Le morceau sexuel, entre autres, si on ne s'y rendait pas inattentif volontairement, conduirait à l'inceste, aux viols, à l'échafaud.

(v. Freud.)

La nuit, dans le sommeil, l'attention volontaire, l'inhibition est suspendue.

Les mouvements-désirs irréalisés, les morceaux d'homme sacrifiés cessent d'être repoussés de la conscience.

Le rêve est la rentrée de l'inconscient dans le conscient.

Le rêve est l'apparition du morceau d'homme sacrifié.

Le conscient et l'inconscient devenu conscient grâce à la cessation de l'inhibition se combattent dès lors à armes égales.

Le morceau homme sexuel livre combat au bloc homme public. Victoire ou défaite... ou compromis, neutralisation. Ce compromis est le symbolisme.

Les rêves sont des représentations sexuelles symboliques.

*

Les connexions des images mentales entre elles sont infinies. —

À l'état de sommeil, une sensation se connecte aux images mentales antérieurement acquises et au morceau sensoriel qui se trouve éveillé.

À l'état de veille, la sensation se connecte aux images mentales antérieurement acquises et aux données concomitantes des sens et des membres, c'est-à-dire : aux sensations actuelles du bloc entier homme éveillé.

Les suites d'une indigestion : Une sensation s'affirme, qui est la sensation de vide dans la région du ventre, d'où vertige qui se connecte aux précipices, chute, tours, les évoque.

Que l'homme soit éveillé ou endormi, le spectacle sera, au fond, le même. — S'il est endormi le seul morceau sensoriel éveillé, le ventre, trouvera ce spectacle logique, réel. — Le rêve a la foi dans la réalité du spectacle de l'imagination.

Si l'homme est éveillé, la conscience qu'il a de ses bras, jambes immobiles et des objets immobiles autour de lui, seront l'esprit critique, le bloc qui se refuse à admettre l'hallucination d'un morceau .

*

La littérature connaît les fous, les névrosés, les maniaques, les ivrognes. On possède des récits de fous. Les fous parlent. Des fous se sont racontés *pendant* qu'ils étaient fous. On les a entendus. Mais la jambe ne parle pas. (Exception : le morceau éveillé est la bouche ou les muscles de la parole articulée. Mais ce morceau étant autonome, indépendant, pendant le sommeil, il fait ce qu'il peut faire à lui seul, des mots... des mots... et rien que des mots.)

Le rêve est muet.

Celui qui a rêvé se raconte *après* son rêve.

Réveillé, homme total, il costume la jambe en homme.

Poe[1] écrivit d'authentiques cauchemars, mais en style d'homme éveillé.

✻

Souvent le rêveur oublie son rêve. Les idées de morceau d'homme n'étaient pas idoines à un esprit d'homme entier.

✻

Mélusine[2], de Franz Hellens. Rêve écrit en style morceau d'homme, en style rêve.

À la première lecture, je devinai que c'étaient des rêves, quoique *Mélusine* ne soit pas présentée comme tel. L'auteur par la suite confirma mon intuition.

La «cathédrale dans le désert», entre autres est bien une vision de rêve. Et le rêve de «l'homme de bronze», dans *Réalités fantastiques*[3] du même écrivain, a bien comme origine une sensation. La sensation que sa tête était dure, dure... incompressible. D'où : homme en bronze, homme fort, grand homme, statue.

✻

Dans un roman d'Anatole France, *L'Île des pingouins*[1], je pense, les gens instruits voient toute l'histoire de France y compris l'affaire Dreyfus.

Je l'accorde. Mais la fiction, la déformation s e u l e intéresse littérature.

*

Que *Mélusine* comprenne une satire, un éloge de la vie moderne, c'est possible.

Mais ce que *Mélusine* a dans le ventre, c'est cette originalité catégorique, inouïe, du style morceau d'homme, du style rêve.

Également, Jean Paulhan a bien exprimé des rêves dans un de ses ouvrages[2].

*

J'ai dit que les rêves étaient pour l'homme ceci : morceau d'homme, absurdité, insensibilité, mouvements-chaos.

Est-ce que l'homme entier comprendra les morceaux d'homme ?

Fatalement, si pas aujourd'hui, demain.

L'attention moderne se porte sur les phénomènes inouïs.

FABLES DES ORIGINES

DIEU ET LE MONDE

Au commencement, il n'existait que Dieu et les démons.

Ceux-ci se distinguaient par leur seule odeur et par le sifflement qu'ils produisaient en se déplaçant.

Ils étaient invisibles.

Voici qu'ils se cachent de Dieu.

« Kane ! Mapel ! Delo ! »

Dieu appelle encore :

« Kane ! Mapel ! Delo ! »

Ils sont cachés les uns derrière les autres, à la file, contre la forte odeur de Chaur.

Aucun démon ne vient.

Dieu se fâche.

Il fait souffler un vent terrible pour chasser les démons à soi.

Naan seul est venu.

Les autres résistent.

Le vent devient de plus en plus fort ; ils résistent, se serrent, se contractent, et tant qu'ils deviennent pierre. — C'est l'origine de la terre.

Après, Dieu fit des arbres et des animaux pour y habiter.

DIEU, LA PROVIDENCE

Dieu sait faire toute chose. De là son ennui.

De là qu'il voulut d'un être qui ne saurait faire que peu de chose.

C'est la cause de la création.

Il fit les pierres. Mais quand elles eurent roulé au fond des ravins, elles ne firent plus rien.

Dieu s'ennuie.

Puis il fit l'eau. Mais l'eau coulait toujours au plus bas.

Dieu s'ennuie.

Puis, il fit les arbres, mais ils s'élevaient tous vers le soleil.

Dieu s'ennuie.

Alors Dieu détache un gros morceau de soi, le coud dans une peau et le jette sur la terre. Et c'est l'homme.

Et l'homme bouleverse la terre, les pierres, l'eau et les arbres.

Dieu regarde. C'est bon voir quelqu'un faire quelque chose.

Parfois lui-même secoue la terre, jette une montagne contre une autre, souffle sur la mer. Les hommes courent, se débattent.

Et Dieu regarde. C'est bon, voir quelqu'un faire quelque chose.

LE DIEU « NON »

« Ne serait-il pas bon de créer des choses ? », se demande Dieu.

La question fait le tour de Dieu et revient après trois cents ans.

Elle revient avec d'autres paroles, les paroles de tous ceux qui ensemble font Dieu.

Et les paroles disent : « oui ! », une seule dit « non ».

Les dieux passent outre, et le monde est créé.

Mais le Dieu « non » se venge sur l'homme — parce qu'il est la créature la plus intelligente.

Cela, tu le vois tous les jours.

ORIGINE DES CONTINENTS

Dieu d'abord créa la terre, dessus il posa la vie.

Tout ce que la vie approchait, s'animait, devenait homme.

Mais les peuples devinrent si pesants que la moitié de la terre creva et fut engloutie dans l'eau.

Dieu réfléchit alors — il crée la mort. Quand le poids des peuples devient trop lourd, alors la mort vient et tue.

ORIGINE DES MICROBES

Dans le commencement des commencements, Dieu demande au père de l'homme quel animal il désire près de lui.

« Peuh », dit le père de l'homme, « le plus petit c'est le meilleur ».

« Bien », dit Dieu, et il lui donne la puce.

Et depuis on est sucé des puces ; l'homme noir ne dit rien mais, un jour, l'homme blanc excédé demande à Dieu que les puces lui soient enlevées.

Dieu dit : « Quel animal veux-tu près de toi ? »

« Le plus petit, c'est le meilleur », dit l'homme blanc, croyant qu'il n'y a pas plus petit que la puce.

« Bien », dit Dieu, et les sorciers blancs disent que Dieu a mis dans leur corps des animaux tellement petits qu'eux seuls savent les apercevoir, que quand ces animaux se réunissent dans la poitrine, ils empêchent l'homme blanc de respirer et le font mourir.

« Nous, nous disons l'animal le plus gros est le meilleur, et l'animal le plus gros, c'est l'éléphant, et l'éléphant est le meilleur.

« Et l'éléphant est près de nous. »

ORIGINE DE LA MAISON

La forêt brûle depuis quatre jours.

Les animaux s'encourent et arrivent dans la plaine.

Les hommes se sont assis sur leur derrière ;

Ils sentent que quelqu'un les chatouille dans leurs bras.

« C'est peut-être les puces », et ils se les mangent l'un à l'autre.

Mais ensuite, chacun « je suis encore chatouillé » (et c'est parce qu'ils ne grimpent plus dans les branches hautes).

Ils se sont élancés, empoignent, jettent les branches, les fichent en terre.

Les unes s'élèvent sur les autres et s'entrecroisent, et de nouveau les hommes se mettent à grimper. Alors ils ne se sentent plus chatouillés dans leurs bras. Les branches forment cabane.

Pendant l'orage, ils ont vu que c'était solide contre la pluie et le vent.

Ils ne retourneront plus dans la forêt.

L'ORIGINE DE LA VOILE

Un gros tronc d'arbre est sur l'eau du fleuve.

Mada et Dwa sont dessus avec une peau de tigre qu'ils vont se partager.

Mada tient la peau par les pattes de devant, Dwa tient la peau par les pattes de derrière.

Le vent s'élève ;

Il gonfle la peau, emporte sur le fleuve, Mada, Dwa et le gros tronc.

Voilà l'origine de la voile.

L'ORIGINE DE LA TENTE

Dwa a tué le tigre,
Il l'ouvre et le mange.
Le vent s'élève ; il pleut aussi.
La peau du tigre est soulevée,
enveloppant Dwa.
Dans la peau du tigre, il ne pleut pas,
Il ne vente pas. Il fait bon.
Dwa est content.
　　　　Voilà l'origine de la Tente.

ORIGINE DU VÊTEMENT

Voici Mnia, femme de Dum, assise par terre.
Elle mange un chou.
Alors le cloporte accourt.
Il grimpe sur une herbe verticale, arrive aux poils de la jambe (avec ses nombreuses pattes, il marche à la fois sur plusieurs poils).
Maintenant il est entré dans le vagin.
Dum !
Dum a couru ;
Dum a tué tous les sorciers de la tribu parce qu'ils ont envoyé l'esprit du feu entre les jambes de sa femme.
Ensuite il dit : « Mnia, qu'as-tu ? »
Mnia retire le cloporte avec ses doigts.
Voilà le commencement. Désormais les femmes porteront le pagne.

Mais chez les Gwis, les filles et les hommes sont restés nus.

LE VÊTEMENT EST UNE RUSE

Ndwa, le chef, a passé sous les peupliers, le tigre passait dans les taillis.

Puis le tigre a passé sous le chêne, Ndwa passait dans la prairie.

Maintenant, ensemble, ils sont à la source.

Ndwa lance bien une pierre pesante.

Le tigre pense : je suis mort, et pousse ses pattes raidies dans le ventre de Ndwa.

Ils tombent.

Ndwa repousse ses boyaux en dedans et se lie le ventre avec des lianes.

Le ventre devient gros et rayé de bleu et les lianes cassent.

Ndwa se dit : je ne puis rentrer dans ma tribu avec une partie de tigre dans le ventre.

Il pense aussi qu'il n'aimera pas aller puiser l'eau dans la rivière avec les femmes, ni être moqué par ses frères plus jeunes, et il mange l'herbe qui purge tout.

Avec la fourrure du tigre, il cache le trou de son ventre.

Il revient du village, ordonne de frapper du tambour.

Tous accourent. Il dit : « Je suis votre chef. »

Tous : « Tu es notre chef. »

« Le chef seul portera la fourrure du tigre, les autres resteront nus. »

Il dit encore : « Allez-vous-en, le chef reste seul. »

Et ils s'en vont.

Plus tard il s'est coupé la gorge avec un caillou :
c'est alors qu'on a vu le trou de son ventre.

LE VÊTEMENT EST UNE RUSE

Trois frères, Phi, Daphi, Daphida, habitent au vil-
lage des huttes hautes.

Phi en marchant s'éloigne et arrive au milieu des
huttes basses.

Il va au chef.

Il regarde la femme de celui-ci.

Il la désire (cela tous le voient, car il est nu).

Le chef tue Phi.

Daphi suit dans la boue la route des orteils de son
frère, arrivé au village.

Une tête est fichée sur un pieu. Il a peur.

Alors vient Daphida, Daphida qui, un bouclier
d'écorce près du ventre, fait la chasse aux serpents.

Le voici au village des huttes basses, devant le chef ;
le bouclier d'écorce près de son ventre.

Eh bien ! tantôt il va tromper le chef et posséder la
femme du chef.

Vous autres maintenant vous connaissez aussi l'his-
toire. Défiez-vous du blanc, car l'homme blanc
approche, vêtu.

ORIGINE DU FEU

Dwa marche dans la plaine
Un lapin s'encourt.
Dwa lance une pierre au lapin.
La pierre tombe sur une pierre.
Les pierres font un bruit vif et... Pf...
L'Étincelle va à l'herbe desséchée.
La plaine flambe.
            Voilà l'origine du Feu.

L'ORIGINE DU FEU

Un tronc d'arbre a été renversé par la foudre.
Il est maintenant sec et dur.
Dwa, en courant, se heurte au tronc et tombe.
Dwa se fâche contre le bois, le casse, le frappe,
enrage, racle les morceaux les uns contre les
autres...
Pf... — une flamme s'élève.
            Voilà l'origine du Feu.

LE BLANC EST MENTEUR

Le léopard !

Vite l'orang-outang court à un arbre, s'accroche par-derrière grimpe dessus.

Aie ! (il n'a pas regardé) ; sa tête cogne la branche la plus basse.

Il va avoir mal et la chose va venir... Quoi ?

La chose arrive le lendemain : ses poils d'hiver tombent, ensuite ses poils d'été.

Maintenant il est nu et il devient homme.

« C'est sûrement l'ancêtre de votre tribu », dit un blanc qui écoutait.

« Homme blanc », répliqua notre devin, « tu as menti avec ta langue.

« Dans notre pays il n'y a pas d'orangs-outangs.

« Cet homme est un ancêtre des Diphi dans le Wough. »

LA DÉFORMATION CRÂNIENNE

Dwa, qui a les yeux noirs, pense savoir ce que pense un homme qui a aussi les yeux noirs.

Voit-il un Homme aux yeux bleus, il se défie ; car il ne s'imagine pas comment on peut penser, ayant les yeux bleus.

De là l'inimitié des races ;

De là qu'étant noir, il aime les blondes ;

De là que Dwa se déforme la tête, l'allonge ou l'élargit.

Cet aspect le présente redoutable.

Bientôt, il est nommé chef.

ORIGINE DU TATOUAGE

Sur la poitrine de Dwa, est une cicatrice énorme.

Elle est d'un loup avec qui il lutta et qu'il tua.

Dwa est craint de tous, depuis lors.

Un jour, il rencontre un loup ; mais, il n'a pas à lutter. Le loup meurt du premier coup reçu à la tête. Alors Dwa prend la patte du loup mort ; de la main gauche il se l'appuie contre la poitrine et de la main droite, la tire jusqu'au ventre.

Voilà l'origine du tatouage.

Double cicatrice et nouvel honneur !

ORIGINE DU PETIT PIED
DES FEMMES CHINOISES

Sen se rend à la couche conjugale, ayant le désir de sa femme.

Or, la femme de Sen est absente ; voilà l'origine du petit pied des femmes chinoises ; car on raconte que Sen fut pris d'une colère telle qu'il fit enfermer dans des sachets de cuir les petits pieds des fillettes de sa maison.

Elles ne purent de leur vie les quitter.

Leurs pieds ne grandissent pas. Elles restent à la maison et Sen a des femmes quand il le désire.

Beaucoup d'hommes ont imité Sen.

L'ORIGINE DE L'ANTHROPOPHAGIE

Ndwa et Dwabi son petit enfant, et un pot de viande et de graisse bouillante dans la caverne.

Ndwa s'en va.

Ndwabi et le pot dans la caverne.

Ndwabi joue, tombe dans le pot.

Le pot remue fort.

Puis le pot ne remue plus.

Au soir.

Ndwa revient.

Il met la main dans le pot.

« Je croyais avoir découpé toute la viande. » Il découpe un morceau. Il se met à manger. « C'est bien bon. » Quel est ce morceau ?

C'était une fesse de son fils.

Il ne dit rien, va dans la hutte de Kwa, prend les enfants, les cuit et les mange. —

Depuis on a parlé.

Tout le monde sait maintenant combien l'homme est bon à manger.

L'AVORTEMENT

Madimba, dit le chef,
Ton ventre ne grossit pas, pourtant tu es aimée des hommes.
« C'est les bananes vertes et bouillantes que je mange », dit Madimba.
Tu te moques, dit Ndwa.
Et il la tue.
C'est pourquoi on ne sait pas qui a révélé aux femmes la force des bananes vertes sur les enfants que les femmes ont dans le ventre.

LA COLÈRE MANGE L'HOMME

Ndwa part à la chasse.
Ndwabi, le petit enfant de Ndwa, dans la caverne.
Il essaie de marcher sur ses pieds.
Une banane est par terre.
Il glisse, s'accroche à l'oreille du chien.
Le chien fait un bond, renverse Dwabi, renverse le pot fermé, et la viande d'antilope qui était dedans tombe par terre.
Les fourmis, par terre, mangent la viande d'antilope.
Dwa revient. Il voit les choses comme elles sont devenues.
Il casse la tête de Ndwabi et le mange.
« C'est bien comme ça », dit-il.

ORIGINE DE LA PEINTURE

Quand ils eurent dévoré le cœur, Briskaieidiou suspendit la tête par les tendons enroulés trois fois.

« Ochtileou,

« Les panthères à la peau éclaboussée de sang noir chassent, et, dans le sombre, ne désertent pas la piste fraîche.

« Il est pénible pour l'homme de se baisser vers une caverne obscure, craintif, parce que ses yeux sont obscurs pendant le jour de la lune, qui suit le jour du soleil.

« Va, t'étant muni de pierres, par leur forme propres au jet lointain, et dépouille cet homme, mû par un dessein caché qui, ayant grimpé sur la dernière branche du plus haut orme de la forêt, dérobe le soleil et, l'ayant roulé devant lui jusqu'à l'aube, parcourt une grande course. »

Ochtileou raconta au-delà des forêts les jambes pesantes qui collent à une terre colorée comme la nuque des oiseaux mâles, des empreintes profondes comme les racines des pins ou comme des sources chaudes — et le soleil entraîné par un fleuve retentissant. Il jeta dans la caverne des becs, et des têtes d'animaux rares et une bête très grosse cachée dans une coquille épaisse et la terre molle, qui était dedans, s'éparpilla sur les parois en masses inégales et diverses.

Alors Isiriel, femme de Brisgaieidiou, très agréable certes, car couchée contre l'homme robuste, elle n'est pas inactive quant au mouvement de ses fesses, considérant avec rapidité la paroi de la caverne, frissonna, ayant reconnu la virilité rouge, très puissante mais un

peu tordue, d'un gorille incliné — et aussi ses yeux —
et son geste.

Ainsi fut établi parmi les hommes combien l'*image*
des choses est délectable.

ORIGINE DE LA DIVINATION

Diva tient la tête de sa femme dans la fumée de bois
vert. Il l'asphyxie pour la manger.

Comme il aiguise la pierre contre la pierre pour la
découper, voici qu'il a peur. Car elle n'a plus les appa-
rences ni de la mort ni de la vie.

Et elle dit à Diva les actions cachées et que c'est lui
qui a tué Abda avant-hier, dans la forêt, et l'avenir, et,
sa mort avant que le soleil ne soit couché.

Et d'autres hommes viennent, ils apprennent ces
choses, et d'autres choses qu'ils ont faites, derrière les
arbres.

Et depuis, Ndwa a peur, les noirs ont peur, tous les
hommes ont peur.

Car il y a quelqu'un qui est caché et qui nous
regarde.

UTILITÉ DU FEU

Est-ce vraiment pour la chaleur ou la lumière que
les hommes se sont intéressés au feu et s'en sont
servis ?

Il a peut-être fallu pour que le feu parût une bonne chose que Ndwa poussât sa femme dans le feu, à cause du plaisir qu'il prenait à voir les longs cheveux disparaître.

Il a peut-être fallu qu'il la forçât à y rester jusqu'au moment où elle rôtit excessivement, charbonna et le gêna à respirer; qu'ensuite il la retira, la mangea, et trouva meilleurs au goût les morceaux de sa femme cuits que les morceaux non encore exposés au feu.

L'HOMME QUI MANGE SON FILS

Ndwa chasse.

Il voit un corps blanc qui remue.

Il pense : « C'est un lapin », et il tire une flèche dessus.

C'était Ndwabi, son petit enfant et le petit enfant de Madimba.

Il est ennuyé.

« Madimba ne saura rien, car je vais manger Ndwabi. » Et il le mange.

Puis tous dans la caverne —

« Où est Dwabi ? », demande Madimba.

Le chien hurle à la mort contre le ventre de Dwa.

Alors Dwa prend une pierre et tue le chien.

« C'est le chien qui a tué Dwabi », dit-il.

MADIMBA ET LE LION

Madimba coud assise.

Un Lion arrive.

Madimba pense : Je suis morte, et l'âme de Madimba s'en va, laissant ses membres raidis.

Le Lion pense : Elle est morte ; et il s'en va.

Puis l'âme de Madimba revient.

Madimba se secoue et dit :

« Les hommes se sont vantés : Le Lion n'est pas terrible. »

Voici que le Lion revient.

Elle crie : « Va-t-en, gros chien roux ! »

Le Lion pense : Elle est encore bonne à manger ; et il l'emporte.

AMOUR

« Si tu m'aimes, que me donnes-tu ? »

Il lui donne son cheval rapide.

« Si tu m'aimes, que me donnes-tu ? »

Il lui donne sa maison ;

Puis, il donne toutes ses richesses, et toujours, elle n'aime pas.

Alors, il prend sa hache, de la main droite, avance le bras ; sa main gauche, il se la coupe au poignet ; il la met à part et la lui donne.

Prends-moi, dit-il, dans les bras, maintenant que je ne puis même plus t'aimer sans ton aide.

Aussitôt, elle l'aime.

Mais, bientôt, vient le sang, le désespoir, et le fleuve qui les boit dans un seul remous.

LA FOURMI À L'ÉTOILE

Une fourmi marchait vers une étoile.

Un homme se trouve sur son chemin.

Il cherchait des cuisses de grenouilles pour son repas du soir.

« Où vas-tu », lui dit-il, et il l'écrase.

Soit !

C'était un ivrogne, mais voilà… maintenant :

Qu'en serait-il advenu de cette fourmi ?

LA CHAISE

Origines de la Chaise.

Dwa et Dwabi ont marché tout le jour.

Fatigués, ils s'assoient sur une pierre ; le froid monte à leurs cuisses.

Alors Dwa « Écoute Dwabi : tu sais que Dwa est plus fort que Dwabi ; mets-toi donc à genoux et te baisse de telle sorte que je puisse m'asseoir sur ton dos tiède. »

Ainsi fut fait. C'est la première chaise.

Hum !

Plutôt à un rhumatisant, j'attribue l'idée de la chaise.

Où il s'assit, il se sentait les jambes comme percées de flèches.

Seul le bois sec lui était ami.

Il sectionne un tronc d'arbre, le roule jusqu'à sa caverne, et s'y assoit sans douleur.

Ce fut la première chaise.

Que non ! Jamais invention ne sortit d'un travail prémédité.

Il était un gamin, le petit Hanali ; il venait de manger une demi-chèvre, et digérait, en jouant cassait du bois, en mêlait les morceaux.

Voici qu'ils sont coincés en tas, tiennent bon sous ses coups, sous son poids.

On s'émerveille ; c'était un trépied.

Un fainéant, l'inventeur de la chaise ?
À quoi bon ? Il avait déjà inventé le lit.
L'homme actif survient, releva le lit, le fit chaise.

De découverte, il n'y en eut point.
On se repose en s'étendant.
Le sol est-il plat, l'homme s'y trouve couché.
Sinon, il s'y trouve assis.
La nature du sol fait la couche et le siège.

À l'artiste appartient la création, que d'autres utilisent.

Dwa tripote, bombe un long morceau de bois.

S'étant reculé : « Tiens, songe-t-il, ceci ressemble à mère, quand ployée jusqu'à terre, elle fait la cueillette des champignons. »

Dwabi entre : « Qu'est-ce ceci ! » dit-il.

Dwa : « Dwabi, n'est-ce point ainsi que paraît notre mère, quand, ployée jusqu'à terre, elle fait la cueillette des champignons ? »

« Glou, Glou, fait Dwabi, c'est seulement du bois de hêtre courbé. »

Il pose le pied dessus, puis les fesses ; et maintenant tout le monde dit que c'est Dwabi qui inventa la chaise.

GÉO-CHARLES : *Sports* (Éd. Montparnasse, Paris[1]).

J'aime les choses de métier, surtout quand les gens
du métier en parlent. Chez les matelots et les mécani-
ciens qui furent mes meilleurs amis. *Sports*, voilà le
livre d'un homme du métier, du métier reconnu le
plus moderne, athlète, poète boxeur.

Tel passage (combat) a ressuscité dans ma mémoire
mes leçons de boxe et les coups reçus, et me fait dire :
« C'est bien ça » ; maint autre sport me paraît ici
décrit, sobre et juste.

Les gens qui aiment leur métier voient le monde au
travers. Pour un mécanicien, l'arc-en-ciel c'est la
jante ; le marin voit-il un homme de haute taille, c'est
le grand mât. De la sorte, les langues se sont enrichies
d'images très colorées, prises aux gens de métier.

Les sports et *Sports* sont une excellente contribu-
tion au fonds de notre langue. Toutefois le métier, qui
est bien et mal tout à la fois, occupe fort son homme.
Il arrive qu'il lui prenne toute la tête.

Que de fois on a envie de repartir au mécanicien :
« Suffit ! halte ! croyez-vous en vérité que les carbura-
teurs soient si beaux, si nombreux ou si singuliers, si

émotionnants, si titanesques, si essentiels à la vie, qu'on ne puisse parler d'autre chose sans se faire remarquer, ni regarder une feuille sans y voir quelque élément du carburateur ? » Déformation professionnelle, et c'est pourquoi le marin, une fois à terre, fait rire ! Dans *Sports* la tristesse, l'amour et bien des choses sont : directs au menton, crochets, coups bas, garde-boisse[1], knock-out.

Simplicité sans doute !… pour un boxeur ! Mais pour un cordonnier ? Ou pour nous ? Je ne puis, au fait, la critiquer. Parfois elle me vexe. D'autres jours, je trouve cela charmant.

Manuscrit trouvé dans une poche. Chronique de la conversion de Bodor Guila, publié par EDDY DU PERRON[2].

Un certificat médical du docteur Grattefesces (!) réclame pour le propriétaire de la poche au manuscrit un internement pour la durée d'au moins un an.

Eh ! eh ! La seule qualité du manuscrit est précisément que l'auteur a le diable au corps et du souffle.

Pour le reste, il est une de ces sortes d'esprits qui considèrent la littérature mécaniquement, techniquement, extérieurement. Les classiques, pour eux, sont des compositeurs d'alexandrins et les romantiques, des collectionneurs du mot « nature ». Dans les modernes, qu'il essaie de ridiculiser, il ne voit que des acrobaties de langage.

Lui-même s'exerce aux procédés purement verbaux, tels que fractionnement de mots, rime placée en tête du vers, inversion dans l'ordre des syllabes d'un mot, suppression des signes de ponctuation.

« Médoc donne un verre de »
« jambon il aimait le »
« ivrogne... maro — feté — pé dé — imbé des mill
« j'ouvre mon panta et je montre mes fe.
panta et je montre mes fe.
« ai-je crié un quinbou qui est ne ni à erlou ni à merbla. »

La lettre tue, l'esprit vivifie. Un homme qui marche sur sa tête peut être fort intéressant, mais les mots à l'envers, quelle bagatelle ! Ce n'est pas là-dessus que l'imagination doit porter.

Sûrement l'auteur doit se connaître à monter et démonter bicyclettes et mécaniques. Que ne se faisait-il mécanicien ou géomètre ? Il eût peut-être évité l'internement.

NOTRE FRÈRE CHARLIE

Est-ce une boutade ?

On m'a dit : « L'âme moderne ne se peut exprimer », et des modernes, de Picasso, Tzara, Freud, Gomez de la Serna, Chesterton, Satie, qu'ils sont sur l'âme moderne des dissertations.

Pour moi, c'est encore avoir l'âme moderne.

Ils prennent de la toile, du papier ligné ou réglé, et ils tâchent de salir ces surfaces, chacun à sa façon.

Notre sagacité induit d'après ce barbouillis qu'ils ont l'âme dissemblable des âmes jusqu'à présent connues, par certains aspects nouveaux, inouïs, donc modernes.

La révélation de l'âme moderne par ces signes est indirecte, embarrassante.

Que ne peut-on prendre une âme moderne, l'installer dans un maçon ou un policeman et la faire agir, moderne, comme maçon, comme policeman, sans l'intermédiaire des fatals pinceaux ou porte-plume !

C'est fait ! Il vit ! C'est Charlie !

Maçon, policeman, il est de tous les métiers — et là-dedans, il est une âme moderne.

Les unanimistes le réclament. Il serait un des leurs. Il serait aussi dadaïste, une réaction contre la sensibi-

lité romantique, un sujet de psychanalyse, un clas-
sique, un primitif.

*

Charlie unanimiste !
Charlie est unanimiste parfait. Il est goûté de la
Terre, des cinq continents.
Pour les enfants, après papa, c'est le meilleur ami.
Charlie, pour tous, tu es notre frère.
Charlie simple, primitif.
Un chapeau melon et une badine, et voilà Charlie.
Il porte veston et cravate.
En plus, son pantalon troué, où il met aussi son
chien.

*

Au carrefour.
Quel est le bon chemin ? demande Charlie.
Mais le rempailleur continue de porter les fines
baguettes de jonc sur le siège de la chaise à rempailler.
Quel est le bon chemin ? demande Charlie.
Le rempailleur ne lève pas la tête.
Alors Charlie prend au vol le long jonc et cure avec
l'oreille de l'homme qui n'entend pas.
Oh ! Simplicité !

*

Charlie, au moment de l'addition, s'embarrasse.
3 portos, 4 byrrh, 1 citron, 2 eaux minérales, 7 cock-
tails, combien d'argent cela fait-il ?
Charlie voit la tapisserie des murs, ses lignes rigou-

reusement verticales qui partent du plafond au plancher, et ses lignes transversales.

Charlie, avec son stylo, aligne les boissons par francs et centimes, les francs dans une colonne, les centimes dans la colonne plus à gauche. C'est bien 43 francs 50 qu'il doit. La facture est au mur.

Le garçon de café est furieux. Interdit, Charlie biffe précipitamment les chiffres. '

Le garçon appelait la police, quand Charlie se jeta dans un taxi qui passait.

*

Charlie, réaction contre le romantisme.

Nous n'avons plus d'émotions. Mais on agit encore.

Charlie, c'est nous. Il tue un policeman. C'est fait. Il le tire par les bottes jusqu'à la rivière. Il ne se retourne pas. À la rivière, il le pousse du pied.

Le cadavre et Charlie, chacun va de son côté.

Charlie marche, marche.

Fatigué, il s'assied sur la pierre. Et la pierre, c'est la pierre, c'est la pierre du bief 3. Et la pierre retient l'écluse, et l'écluse retient le cadavre du policeman qui vient d'arriver.

Charlie a faim. Il lui faudra aller chercher des « cakes » au café de l'« écluse ».

Charlie va au pantalon du cadavre, retire le porte-monnaie. Puis il va chercher des « cakes ».

Et le cadavre va de son côté ; il va à la morgue.

Et les parents du cadavre disent : « Il n'a que ce qu'il mérite. Voilà où l'on arrive à vouloir n'en faire qu'à sa tête, quand on veut devenir policeman au lieu de travailler aux champs comme tout le monde. »

Et Charlie rouvre le porte-monnaie, retire une

pièce, et dit : « Il me semble que je pourrais me payer un cigare. »

Ainsi chacun va de son côté.

*

Charlie insensible, c'est peut-être la clef de Charlie. Charlie, avec un tuyau d'arrosage de pompiers, arrose une salle de spectacle, les dames des loges, et les musiciens. Nous rions. Mais lui ne rit pas. Il ne peut résister à l'impulsion, au désir de le faire, mais il ne s'en amuse guère. Il n'y est pas sensible.

*

Proust[1], Freud, sont des dissertateurs du subconscient.

Charlie, acteur du subconscient.

Un homme penché sur une cuve. Vous voyez ses fesses que le pantalon plaque. Une association d'images naturelle, immédiate, un désir subconscient mais universel : lui donner un coup de pied au derrière, et voir la tête, le corps de l'homme chavirant dans la cuve.

Mais les uns ne remarqueraient même pas leur désir, tellement il est instinctivement, immédiatement repoussé.

Proust, Freud, J. Romains[2] le remarqueront, le diront.

Et Charlie donnera le coup de pied.

C'est pourquoi *Charlie est dadaiste*[3]. Sa vie est coq-à-l'âne. Ni milieu, ni commencement, ni fin, ni lieu. Les désirs du subconscient, les impulsions réalisées sur-le-champ.

Charlie va se marier. Il aime sa fiancée, il ne vit plus

qu'à son bras. S'il ne peut la voir, dans la rue il redescend, malheureux à se suicider.

Il revient, il la retrouve, il est heureux, et pourtant, voyant sa belle-mère, ployée, cherchant une épingle tombée à terre, il faudra, cela sera, il n'y peut rien, il lui foutra son pied au derrière. C'est ainsi que de partout il est mis à la porte.

Pauvre Charlie, tu ne seras jamais que célibataire et vagabond.

*

Le subconscient d'un homme, selon Freud, serait un réservoir érotique, tous les désirs lubriques à quoi il a résisté.

Charlie me donne à penser que, chez les Américains, les désirs utilitaires dominent.

Charlie ne peut voir d'un homme ses longues oreilles, sans avoir envie d'y accrocher sa canne.

Il allume ses allumettes sur le crâne chauve d'un musicien, l'éteint dans son nez, et se débarrasse de ses gants dans l'ouverture du cor d'harmonie.

Les désirs de son subconscient sont d'utiliser choses et gens et bêtes.

«Les chevaux, les femmes, les dos, les têtes, les cheveux, à quoi ça peut-il me servir?» c'est son problème.

Charlie porte de la main droite un seau d'eau. C'est lourd. Le bras droit et l'épaule droite le font souffrir. Il passait près d'une voiture d'enfant — vivement il saisit le bébé, et le garde dans la main gauche, et continue sa marche. Il n'a plus mal à l'épaule droite. Excellent contrepoids! Le bébé lui sert.

✻

De caractère dadaïste, impulsif, primitif, indifférent, Charlie n'est pas viable.

Il échoue en tout, est mis à la porte de partout, a tout le monde à dos.

De là son comique formidable et ininterrompu.

✻

Charlie policeman.
Charlie, qui a tant de fois culbuté les fonctionnaires de l'État, devient policeman.

Aux carrefours de Chicago, un chat ne peut se glisser sans être quarante fois écrasé de la tête à la queue.

C'est là qu'on place les policemen.

Là est placé Charlie.

Au carrefour, on peut se tourner vers sept boulevards. Mais les voitures les plus vites vous arrivent toujours dans le dos.

Charlie s'embarrasse et, voulant ramasser un mégot, laisse tomber dans la boue son carnet aux procès-verbaux. Il est perdu.

Alors vient l'idée, l'idée simple. Au bout d'une idée simple de Charlie, il y a ceci que chaque fois il perd par elle la fonction sociale qu'il occupait. Mais Charlie suit toujours son idée.

L'idée ? Il tire sa montre. Voilà, de 11 heures 1/2 à 12 heures, les voitures passeront uniquement dans cette direction-ci, nord-sud. Les autres passeront l'après-midi.

Dans les directions « de l'après-midi », les voitures s'entassent comme des grains de riz dans un sac, s'imbriquent comme des tuiles.

Un cheval s'il monte, les sabots sur le capot d'une Ford, prend le mors aux dents. Tout Chicago prend le mors aux dents.

Dans une mêlée, les habits glissent comme des papiers.

Au soir, Charlie n'est plus vêtu que de cambouis, et il est conduit au poste. On lui donne un vieux pantalon et un vieux chapeau.

« Mais c'est ce vagabond de Charlie », disent les policemen.

Et Charlie dit : « C'est mieux que d'être policeman. »

L'agent s'indigne.

Pour insultes à la police, Charlie est condamné à quinze jours de prison.

Mais Charlie dit encore : « C'est mieux que d'être policeman. »

Pauvre Charlie, tu ne seras jamais que célibataire et vagabond.

RÉFLEXIONS
QUI NE SONT PAS
ÉTRANGÈRES À FREUD

Les sciences exactes sont devenues notre pain.

L'*a priori* et la métaphysique, on les dédaigne.

Alors ? Pourquoi tout le monde de s'empresser autour de la philosophie de Freud ?

Eh ! eh ! Les mathématiques transcendantes elles-mêmes, qu'on y introduise seulement des applications de certain ordre, telles que... le calcul des jouissances amoureuses, ou la mesure du volume des sexes, et je les vois très bien entourées de nombreux auditoires.

Je me rappelle ce marchand de vieilles étoffes précieuses, serré entre deux stands modernes, flanqué à gauche d'automobiles, à droite de comptomètres, qui tout d'un coup... Un jeune homme était venu s'employer chez lui, ignorant de l'article. Et tout d'un coup la foule afflue... C'est la fortune... Car, dans les plis des étoffes, il cachait des photographies lubriques.

Oh ! Je ne dénonce pas Freud. Freud commerçant. Cette réclame, il ne l'a pas commandée.

Les réflexes suffisent à l'explication de sa conduite, les réflexes qu'utilisent les philosophies, les gens, quand ils se noient.

*

Les sciences, par ce qu'elles exigent des appareils et des connaissances encyclopédiques, restent loin du public. La psychanalyse au rebours est populaire, car sans appareils ni bagage scientifique, vous et moi, tout le monde, nous pouvons faire de la psychanalyse, et nous en avons fait, comme M. Jourdain faisait de la prose.

*

Freud ressemble fort à un enfant précoce. Cette espèce a la vie courte, j'entends la vie intellectuelle. À la cinquantaine, ils vivent toujours de leurs quinze ans.

Devenu professeur, Freud en est encore à consulter ses quinze ans, sa tête de gamin, c'est-à-dire, ses premières curiosités recueillies. Mais, grâce à ses fonctions, il généralise.

*

Freud : des recettes de clinicien ? Horrible !

L'esprit humain flue et reflue de l'unité à la complexité ; en art, du classique à l'impressionniste ; en science, de la synthèse à l'analyse, du matérialisme au spiritualisme.

L'histoire est ce jeu de réactions.

Le XIXᵉ siècle fut la synthèse. Il unifie. Il réduit la chimie à l'atome, l'électricité à l'électron, la vie au protoplasme, la physiologie à la physico-chimie.

Il fut matérialiste.

Freud est, dans le domaine de la philosophie, la réaction contre le XIXᵉ siècle.

Il substitue aux données objectives extérieures l'introspection, l'analyse du sujet.

Le principe de sa manière de voir me paraît ceci, qui est excellent, qui est la réaction : « Entre deux explications, également possibles, la plus compliquée a autant de valeur que la plus simple, la subjective autant que l'objective. »

Sans doute Barrès[1], Tolstoï, Dostoïevski[2], Bourget[3], Poe furent psychanalystes.

Néanmoins, Freud a fait une découverte.

Une découverte est en science le plus souvent l'application d'un procédé d'une science à une autre science.

En astronomie, l'analyse spectrale est une découverte. Pourtant, elle s'employait déjà en chimie. Freud a introduit, dans la science, les procédés psychologiques du roman, des mémoires et des confesseurs.

Il arrive dans deux cas principaux que l'intelligence humaine ne se surveille pas : dans le rêve et dans la folie. Freud examine les rêves, y voit un potentat : l'amour. Soit, quoique tous les appétits humains s'y retrouvent aussi.

Si j'examine la folie, je trouve l'orgueil. Beaucoup plus de fous marquent l'orgueil que la libido. Dans le rêve même, l'instinct de conservation, l'instinct de domination, l'instinct de cupidité se retrouvent. Freud voit dans les rêves des verges symboliques. Moi, j'y vois des poings, des assiettes de la faim, des maisons d'avarice. L'amour propre est l'instinct intrinsèque de l'homme.

Freud n'a vu qu'une petite partie. J'espère démontrer l'autre partie, la grosse partie, dans mon prochain ouvrage : *Rêves, jeux, littérature et folie*[4].

LETTRE DE BELGIQUE

Brussels : Autumn.

L'automne venu, l'homme des champs s'en va mettre en jugement l'été, lui demander des comptes, ce qu'il a fait pour lui, et récoltes et dégâts.

Je veux entreprendre un travail analogue.

Il s'agit de choses bien différentes, il est vrai, de l'époque contemporaine et de notre littérature. Que paraît faire l'époque de nos qualités artistiques ?

*

Les étrangers se représentent communément le Belge à table cependant qu'il boit, qu'il mange. Les peintres le connaissent dans Jordaens, les lettrés dans Camille Lemonnier, les touristes dans « Manneken-Pis ».

L'exaltation, d'où qu'elle vienne, on l'a expérimenté à la Renaissance comme au temps du romantisme, devient, si elle se fait belge, devient sanguine, sensuelle.

« Truculent — ripaille — goinfrerie — ventru — mangeaille » — dix contre un je tiens que ces mots isolés, sitôt dits, vous font songer aux Belges.

Le travail du ventre, des glandes, de la salive, des

vaisseaux de sang, paraît chez eux demeurer conscient, une jouissance consciente.

Traduite en littérature, la joie de la chair fait le plus gros de leurs œuvres. Je rappelle (Lemonnier Camille, Georges Eckhoud, Eugène Demolder).

Me voici à ma première question.

Notre époque, quels tempéraments de cette sorte a-t-elle en avant ?

Dans toutes les écoles, les enfants apprennent comme est étonnante l'activité belge, que par kilomètre carré, ce pays compte deux cent quarante-sept habitants, je ne sais combien d'usines, de gares, d'hôtels, de véhicules, de locomotives, d'automobiles, de champs cultivés, de routes.

Verhaeren fut le poète de cette activité fougueuse.

Mais, depuis Verhaeren ? et c'est ma seconde question, quel littérateur notre époque a-t-elle révélé, de cette sorte ?

Les deux questions reçoivent la même réponse... Notre époque de sang-froid paraît gêner cette sorte d'expression — et je n'ose citer aucun nom à ces places.

*

Reste un caractère belge, dont on savourait seulement le ridicule, qui est le caractère «bon enfant, simple, sans prétention». Maintenant, il lève et fait notre meilleure production.

L'injure à Gand, à Bruxelles, à Louvain, l'injure la plus courante est « stoeffer » qui se traduit de la sorte : homme prétentieux, poseur.

Le Belge a peur de la prétention, la phobie de la prétention, surtout de la prétention des mots dits ou écrits. De là son accent, cette fameuse façon de parler le français. Le secret est tel : le Belge croit que les mots sont prétentieux. Il les empâte et les étouffe tant qu'il peut, tant qu'ils soient devenus inoffensifs, bon enfant.

Parler se doit faire, pense-t-il, comme ouvrir son portefeuille, en cachant les billets de mille, ou comme signal d'alarme en cas d'accident — encore parle-t-il avec force gestes, ceux-ci faisant passer le mot.

Le retour assez général à la simplicité qui s'est fait sentir dans les arts trouve donc les jeunes littérateurs d'ici merveilleusement disposés, et déjà à l'œuvre. Je pense nommément à Charles van Lerberge, tel en 1880, et à cet égard, notre précurseur, comme l'appelle M. Gaston Pulings. Les poètes actuels en Belgique, volontiers, je les appellerais des virtuoses de la simplicité et j'aurais à les citer presque tous.

※

Une époque, c'est des hommes. Examinons quels ils sont. Deux romanciers excellents : Franz Hellens, André Baillon. Franz Hellens, poète, romancier, critique — son œuvre est d'une diversité rare — il a écrit de tant de façons — on renonce souvent à le trouver, et on pense : cet homme n'a pas d'appartements, il vit dans les escaliers.

Une imagination telle qu'il n'y en a guère de semblable ; elle part de zéro et court à l'infini. Deux romans extraordinaires : le premier, *Bass-Bassina-Boulou*. C'est un être adulte créé de toutes pièces, son intelligence : la *tabula rasa* des philosophes, c'est un morceau de bois sculpté, qui grâce à la magie, tout d'un coup vit et découvre le monde. Poésie primitive.

Dans un style malheureusement nègre, j'entends celui où les verbes sont à l'infinitif présent. Le deuxième, *Mélusine, roman du mouvement*. Mélusine est une femme-mouvement. Une des œuvres les plus extraordinaires qui soient. J'ai coutume de donner à mes amis à lire le premier chapitre de *Mélusine*, que je tiens pour un chef-d'œuvre. C'est une accumulation de prodiges. Or, le style en est d'une simplicité innocente. L'effet est grandiose, irrésistible.

Viennent de paraître : *Notes prises d'une lucarne*, sorte de poèmes en prose, avec illustrations de André Lhote. *Histoire d'une mariée, Zonzon pépette, fille de Londres, En sabots* sont de André Baillon, excellents romans réalistes.

L'inspiration, le sujet naît du sang-chaud, de la chair, dont j'ai parlé au début. Mais l'écriture est de sang-froid. Cela est saisissant, net, incisif, rapide, de style bien moderne.

Un roman qui, si l'on ne m'abuse, paraîtra incessamment le *Cavalier seul* de Hermann Closson.

C'est, en deux cents pages, l'analyse d'une demiheure de promenade, celle d'un jeune homme marchant à côté d'une jeune fille.

Quant à la longueur, il s'inspire de Proust. Quant au style, c'est le sien. Peu de phrases, des associations d'images, des visions picturales, des termes scientifiques, allure de formulaire et de c. q. f. d. — (*ce qu'il fallait démontrer*) en un mot, un genre nouveau : l'essai-roman.

Pour mémoire : T. Serstevens et Van Offel.

*

Les poètes ne se comptent plus. Je ne suis pas éloigné de croire qu'il en naît un tous les vingt-quatre heures.

En général, ils sont d'un gabarit fort influencé de France, et de J. Cocteau. Ils sont souvent d'une simplicité plus réelle, plus « cartes sur table ». Là, toutefois, est pour eux un inconvénient, qui n'est pas mince.

Rapidement, ils tombent dans une banalité et une platitude, et le relâchement de la langue. Le Dictionnaire de Henri van de Putte, en est un exemple.

Sont à citer : Purnal René, auteur de *Cocktails* et René Verboom, poète très vigoureux, Mélot du Dy, Henri van de Putte, Éric de Haulleville, Robert Guiette, Kochnitsky, Marcel Lecomte, Paul Neuhuys, Gaston Pulings, Camille Goemans, Paul Vanderborght.

Hellens apporte dans ces poèmes les mêmes qualités qu'à sa prose.

Paul Fierens, le plus musical de nos poètes.

O. J. Périer (*Le Combat de la neige et du poète*), *Notre mère la ville*.

De lui parut aussi *Le Citadin*, poèmes d'une pureté de langue sans exemple à Bruxelles et rare partout.

Il recherche le manque de recherche, si je puis dire. C'est ainsi que, s'il chante, ce sera l'amitié, ou un verre d'eau glacée s'il interpelle, ce sera sa pipe à qui il dit aimablement :

« Je vous saisis entre mes doigts et vous bourre de foin et d'air. »

Pierre Bourgeois (*80 compositions lyriques*), la *foi du doute* : un effort nouveau et violent, et un tempérament.

Mais son sujet vous désarçonne.

Des lignes, des losanges, des cubes, des trapèzes, les méridiens, la symétrie, les pavés, les cercles, les hypoténuses, les perceptions, l'affirmation, la négation, les machines, la géométrie, l'architecture. Ces matériaux d'émotions musculaires ou cérébrales, il les manie dur, violemment, en têtu.

Camille Goemans (*Périples*).

Son sujet est tragique. Le disant, j'étonne tout le monde, je le sais. Il note des associations morbides, mais, il le fait comme s'il s'agissait d'un inventaire à propos de meubles : telle chaise cassée, tel vase ébréché, et le tapis usé.

À tort, comme poète, on a parfois jugé Henry Michaux. De cela sont cause ses *Fables des origines*, fables en huit lignes. S'il avait pu les écrire en 6 mots, il n'eût pas manqué de le faire. Poésie, s'il y a, c'est le minimum qui subsiste dans tout exposé humainement vrai. Il est essayiste. De lui encore, *Le Rêve et la Jambe*, essai philosophique, style abrupt, elliptique comme son titre.

Le théâtre belge actuel, s'il ne comptait qu'une œuvre et qu'un nom, pourrait prétendre à une des premières places des théâtres contemporains ; il suffit que ce nom soit Fernand Crommelynck, que l'œuvre soit *Le Cocu magnifique*. De lui également : *Marchand de regrets* et *Le Sculpteur de masques* où, mêlée à l'influence de Maeterlinck, on voit la psychologie outrancière de ses personnages.

Le Cocu magnifique est une pièce psychologique s'il en fût.

C'est l'histoire d'un sentiment.

Ce sentiment part de zéro et monte jusqu'à la monomanie, c'est le départ brusque de toute la sensibilité dans une seule direction. Au premier acte, la jalousie n'existe pas, tellement que le héros découvre le sein de sa femme en présence de ses amis pour en faire apprécier la beauté.

Au dernier acte, il invite tout le village dans le lit de sa femme pour boire son saoul de jalousie et détruire l'appréhension qu'il a de l'amant inconnu.

*

Il est à propos de savoir que la Belgique possède des revues littéraires très nombreuses. L'activité de *La Lanterne sourde*, dirigée par Paul Vanderborght, du *Disque vert*, dirigé par Franz Hellens, est considérable.

NOTE SUR LE SUICIDE

L'homme n'a pas la manie de la vie. Il a le soin maniaque de son avenir.

Aux îles Fidji, aux Nouvelles-Hébrides, ils sont quatre-vingt-dix-neuf hommes sur cent qui se suicident. Et ainsi, autrefois, aux Indes, en Germanie, en Gaule, partout.

Ce nombre (et mieux 99 985 sur 10 000), c'est celui de ceux qui, en Europe, ne se suicident pas.

La différence ne vient que de nos croyances religieuses. Aux îles Fidji, les suicidés s'attendent dans une vie future à jouir; l'Européen, c'est-à-dire le chrétien, à rôtir.

Le zéro n'existe qu'en arithmétique.

1 de 1 ne se peut retrancher, si 1 est un homme.

Jamais un homme ne cessa d'exister. Je serais persuadé du contraire, je n'achèverais pas ma phrase. À l'instant je joue à pile ou face ma vie : c'est ce qu'elle vaut.

Mais j'ai peur; j'ai peur, étant mort, d'avoir d'une certaine façon encore plus à vivre.

C'est là l'horrible drame de qui se suicide par désespoir et lassitude de tout. Il veut finir avec tout, passer à zéro, et le voilà qui, ce faisant, se remet à sait-on quelle expérience, quelle création, nouvelle vie.

Que voulez-vous ? Nous n'avons point d'autre logique.

Qui veut la paix fait la guerre.

Le doux Jésus est le couteau le plus rouge qui ait traversé l'espèce humaine, et toi, jeune homme, qui cherches à goûter la jouissance dans ton corps, invite chez toi la syphilis et entre les jambes des douleurs d'aiguille !

Une phobie bien connue des braves : Dans une usine, quand ils se trouvent devant le tableau des manettes.

Une bonne manette peut faire sauter à deux lieues une mine près de vous, ou un chantier, ou quinze cents hommes ou seulement une brique.

Il suffit d'abaisser la manette, pour éprouver si c'est mille hommes qui sauteront ou seulement une brique.

Le suicidé abaisse la manette, et il attend.

Supposez un fœtus humain qui, le huitième mois, veuille se soustraire à son milieu amniotique, et qui y parvienne. Suicide !

Le voilà. Il vient à l'air. C'est un bébé, un bébé avant terme. C'est tout ce qu'il a gagné, d'être plus tôt un homme !

Va, suicidé, tu auras bien pareille surprise !

SURRÉALISME

André Breton : Surréalisme théorique.
Surréalisme appliqué : *Poisson soluble* [1].

Écrits surréalistes : automatisme de l'écriture, à la suite de quoi littérature d'un non-conformisme absolu à la réalité, j'entends celle qui est perçue sensiblement et logiquement conçue.

Procédé : Prenez une large superficie de papier, demeurez assis plutôt que debout, plutôt couché qu'assis, plutôt encore ensommeillé, indifférent à tout, à tout sujet, à tout but, sauf à mettre en mots immédiatement le contenu apparent de votre imagination.

Les membres du confessé

Poisson soluble : des poèmes en prose, dites-vous ? Heu ! Heu ! ce sont des confessions.

Jean-Jacques Rousseau, Alfred de Musset, écrivirent des confessions. Ils avaient une fameuse poigne. Dans cette poigne tenaient de gros morceaux de siècle. En un chapitre, en quelques pages, ils synthétisent des années de vie.

Marcel Proust écrivit ses confessions, également

récapitulatives. Il n'a qu'une menotte, une menotte très fine. Dans cette menotte tiennent des morceaux de journée. Lui aussi se confesse *a posteriori*.

Les poésies lyriques souvent sont des confessions, mais ces confessions se surveillent.

André Breton : c'est le confessé, le confessé intégral, immédiat, de métier. Plus de récapitulation ici, plus d'*a posteriori*, plus de poigne, ni de main. Mais bien un doigt, l'index. Plus d'années, ni d'heures ; la seconde présente. C'est le mot-seconde inventé, le pouls des images.

Le bouillon de culture

Pas seulement le XVIIe siècle, pas seulement les Grecs, tout le monde. Tout le monde se surveille. Tout écrivain. Chacun est un pion qui se voit élève. Il se surveille. Changerions-nous ?

Jean Epstein[1] établit il y a quelque temps un diagnostic : la fatigue de l'époque, fatigue affleurant dans la littérature actuelle.

Est-ce que Breton ne serait pas l'expérimentateur de celle-ci, celle-ci prise comme bouillon de culture ?

Indifférence

Assis plutôt que debout, couché plutôt qu'assis... L'indifférence étant l'état d'inspiration se retrouve dans l'œuvre achevée. L'indifférence qui est à la racine est aussi dans le fruit. *Poisson soluble* est inémotif, monotone comme un clown.

Le pas de marche et le pas de course

Kamarine se vantait d'avancer du même pas que son cheval. Tout alla bien jusqu'au jour où le cheval prit le mors aux dents et sema son homme.

Oui, l'autre cause de monotonie dans *Poisson soluble* est celle-ci : la vitesse de pensée est constante et la pensée va au pas. Elle ne court pas, elle ne prend pas le mors aux dents, elle n'a pas d'émotion. Elle manque de tragique.

La faute en est en partie aux doigts de Breton, à son rôle d'accompagnateur. Ses doigts ne pourraient suivre. Dans une peur, une émotion tragique, une noyade, on aperçoit sa vie et son avenir, deux mille images en deux secondes. Mais le moyen, en deux secondes, d'en écrire deux mille ?

Incontinence

L'automatisme est de l'incontinence.

L'incontinence est le relâchement d'un sphincter, d'une inhibition. Une façon de repos.

Il y a l'incontinence de gestes : les clowns. Donner un coup de pied aux fesses d'un homme courbé.

Breton fait de l'incontinence graphique. Il a vu le nez de l'automatisme ; il y a encore derrière tout un corps. On n'y arrivera pas de sitôt à ce relâchement complet.

Rien n'est difficile à l'homme comme de se reposer. Il faut plus d'une heure à l'homme normal pour se reposer le bras. Reposez-vous le bras, lui dit-on, et le bras reste tendu !

On est toujours préoccupé. Il fut dit à l'une de mes

amies, qu'en l'absence de gens, elle était coquette avec l'escalier. La coquetterie ne se repose pas. Ce qui est humain ne se repose pas. Et encore : assemblez autour d'une table des gens, se tenant et la tenant par les pouces ; et voilà la table qui se met à tourner, tourner jusqu'à choir dans la cheminée. Et tous de s'écrier : «Mais nous n'avons rien fait !» Bon ! Fluide ou frottement, vous vous êtes occupés de la table ; vos pouces se sont occupés de la table.

Breton ne fait pas attention aux phrases à écrire… Mais le crayon de l'homme de lettres veille pour son maître.

On ira plus loin dans l'automatisme.

On verra des pages entières d'onomatopées, des cavalcades syntaxiques, des mêlées de plusieurs langues, et bien d'autres choses.

Les expériences et les œufs

Joseph Delteil [1] dit : «Une œuvre d'art a ceci de commun avec un œuf, qu'elle échappe à toute prémé-ditation. La poule pond des œufs. Elle pond quand elle a l'œuf au cul et le cheval ne pond pas.»

J'en tombe d'accord, et après une nouvelle lecture de *Poisson soluble* j'en tombe d'accord une fois de plus, sur ceci : que les expériences sont mauvaises pour les œufs.

Mais une expérience fait déclic. On mêle de petites saletés dans un tube de verre, et il se fait plus tard que cela guérit cent mille personnes de la rage. C'est ins-tructif.

Il n'est peut-être pas bon de s'ouvrir le ventre, mais cela apprendra aux autres l'anatomie. C'est pourquoi je fréquente les ivrognes, et j'attends les expérimentateurs.

Un jour peut-être je verrai le manifeste des écrivains végétariens, ou de ceux qui veulent qu'on écrive après le café, ou après coït, ou la tête en bas.

Non-conformisme à clef

Un premier déclic : le merveilleux.

Breton déclare son non-conformisme absolu à la réalité. Il n'y a pas bien longtemps, le non-conformisme partiel seul existait, le non-conformisme à clef.

Chacun est non conformiste. Le colérique est non conformiste, le botaniste, le latiniste, l'affamé, l'amoureux, le banquier. Mais ils ne le sont pas absolument, ils le sont en une façon, ou en quelques façons seulement. Coefficients de déformation : la colère, les plantes, le latin, la femme, l'argent ou la considération. La psychologie, c'était de découvrir les clefs, en coefficients de déformation, dans leurs proportions respectives.

Avec Breton, nous sommes dans le « merveilleux absolu ».

Réalisme devant soi, en soi

Il y a deux réalités : la réalité, le panorama autour de votre tête, le panorama dans votre tête. Et deux réalismes : la description du panorama autour de la tête (Théophile Gautier : *Le Capitaine Fracasse*, la *Flore* de G. Boissier[1]) et la description du panorama dans la tête (Franz Hellens : *Mélusine*, *Réalités fantastiques*, André Breton : *Poisson soluble*). Extraréalisme, le premier ; introréalisme, le second.

Mais surréalisme ? Ce terme fera peut-être fortune, mais il se vante.

Y a-t-il une conclusion littéraire ?

Voici : le merveilleux surréaliste est monotone, mais entre le merveilleux et quoi que ce soit, je n'hésite pas. Vive le merveilleux ! Quand même ce serait du merveilleux superficiel. Ce bain nous est excellent.

P. S. — Une fusion de l'automatisme et du volontaire, de la réalité extérieure. Les écrits surréalistes travaillés après coup, cela donnera sans doute des œuvres admirables. Charlie Chaplin fit un peu cela. De l'automatisme de clown, mêlé au réel, aux actions du scénario.

MES RÊVES D'ENFANT

1. *L'annonce de la calvitie.* — Le sommet de mon occiput;

Juste au-dessus, très haut, à bien deux mille mètres, l'osier d'une nacelle, et dans l'osier une flèche, une flèche qui s'allonge, glisse, va tomber, tombe, là... csi... csi... csi... crac! Le coup! éclatement de mon crâne! —

Ce cauchemar est à toutes mes nuits d'enfant, entre six et dix ans, puis disparaît.

Présentement, je suis chauve, à ce seul endroit précis. J'ai vingt-cinq ans.

2. *Le dur creux du lit.* — Un nuage pâle;

Des tonneaux, en dessous, pleins d'eau.

Le nuage songeait à sa pluie tombée, à la ravoir, et qu'il la raurait;

Les tonneaux qu'il ne la raurait point, qu'eux la gardaient;

Nommé arbitre, je donne raison au nuage.

Papa s'approche.

Là, tu vois, Papa, dis-je comme j'étudie bien ma physique. Même ça s'appelle l'évaporation, à moins que ce ne soit plutôt le chapitre V, «De la dilatation du corps».

Mais, Papa, toujours bourru, me jette dans un tonneau vide qui est le dur creux de mon lit où je m'éveille.

3. *Plaisir de savoir.* — En mer.

Voici un banc de harengs signalé, et nous nous mettons à la pêche. Or... c'étaient, dans nos filets, des femmes blanches... et tant, que nous coulâmes à fond.

Avant la noyade, il me parut utile de déterminer le type exact du navire qui sombrait. J'eus le temps de jeter un dernier regard sur les vagues.

C'était un quatre mâts barque.

Je mourus tranquille... et ne m'éveillai que le lendemain, très dispos d'ailleurs.

4. Voilà, dit mon frère, tu es Dieu, tire ton plan maintenant, espèce de petit orgueilleux.

Maman !

J'avais en poche quinze cent mille étoiles; j'ai bien peur qu'il ne s'en soit perdu quelqu'une.

5. *Cauchemar de l'escalier.* — De l'entresol au cinquième, tout entier, devenue une bête, l'escalier se recroqueville, et moi qui au deuxième fumait une « Abdullah ».

Je l'entends encore, os et bois, quel craquement nous avons fait !

Le lendemain à midi... Eh bien monsieur Henri, dit la bonne, en me regardant les yeux, et un peu en dessous. Vous devez vous remuer au lit : Ça promet.

Voilà, de la semaine, la deuxième fois que je trouve à votre sommier un ressort cassé.

Ah, fis-je.

6. *Fessé par Dieu.* — Dieu en était au sixième jour de la création.

Chaque homme aura deux jambes à charge de marcher.

Mon Dieu, dis-je, laisse donc la deuxième; une seule me suffira. Je dormirai.

Espèce de fainéant! et d'une fessée... je suis réveillé.

Père se trouve penché sur mon lit. Il était 8 heures trois quarts, et grand temps d'aller à messe.

7. *Doigt engourdi.* — Quatre fourmis jaunes me sortent du doigt, tandis que sous le toit blanc de la peau, une à l'intérieur s'occupe des œufs. On la voit fort bien. C'est un peu comme une véranda.

8. *Poussy.* — Poussy! ici Poussy! Rends-moi ma balle. Sale chat, va!

Mais il disparut ne laissant que son odeur.

Il y a, me dit gravement Titi, il y a là-dedans beaucoup d'esprit, qui ne peut être ressenti à moins qu'on n'ait quelque connaissance du chat.

Peuh, me récriai-je. Ce n'est qu'un sale chat. Il a bien fait de s'en aller.

9. *Une injustice.* — Deux nuages bas collaborèrent à former un pet soudain.

Oh! Henri, dit mère, tu n'es pas honteux à ton âge.

Hi! Hi! ce n'est pas moi... et fessé je me réveille.

Mère se trouve penchée sur mon lit. Il était 8 heures et demie et grand temps d'aller à l'école.

10. *Ici on peut tuer pour 20 francs.* — Entouré d'un bruit confus de foire, un baraquement sombre, en bois goudronné, bistro, où l'on peut aussi manger

pour quarante sous, selon ce qui est écrit, à la pâte blanche, moitié sur une vitre, moitié sur la deuxième de l'unique fenêtre grise.

Voici qu'une main s'en approche, efface, puis récrit et c'est :

« Ici on peut tuer   pour 20 francs. »

et tout soudain, nous sommes là en face d'un monde de plus de cinq mille personnes, et la seconde d'après d'une immense ruée là-dedans.

La baraque gicle au-dehors.

Je me réveille en sueur. La fenêtre de ma chambre s'était ouverte.

Le vent entrait librement.

11. *Réflexion.* — Le soleil à la fenêtre.

— Dis, soleil, je te prie, apporte-moi donc un morceau de chocolat.

Le soleil ne bouge pas.

— Dis, soleil, grand-mère toute laide qu'elle est m'apporte du chocolat, et même au lait, et d'amandes tout plein.

Mais le soleil se retira derrière un nuage pour réfléchir.

12. *Choc.* — Je formais avec de la mie de pain, une petite bête, une sorte de souris. Comme j'achevais à peine sa troisième patte, voilà qu'elle se met à courir, et Push, le chat après, et moi après Push... tous trois sous l'armoire[1].

Je m'éveille, la tête contre la table de nuit.

13. *La chaise de grand-père.* — Dans le salon une chaise bougea. La chaise se leva et dit — c'était la chaise de grand-père qui a une barbe comme une pendule, et c'était assis sur la chaise, un maçon, une fac-

ture à la main. La chaise se leva et dit : « Vous pour-
riez changer de pantalon avant de vous asseoir, ou au
moins vous brosser. Vous êtes un sale monsieur. »
Puis elle retomba pour toujours dans son immobilité.

Ma nuit fut excellente et d'un grand repos.

14. *Le pion et le méridien.* — Comme j'étais la ligne
horizontale et que je filais à toute vitesse, je rencontrai
un méridien. Mon Dieu. Que faire ? Car notre double
définition une fois de plus m'est sortie de la mémoire.
Puis-je le couper ? Puis-je rebrousser chemin ?

Profitant de mon arrêt, M. Chabot, le sale pion de
6e B, me marcha dessus, comme un traître qu'il est.

… Mort aux vaches, criai-je et me retrouvai éveillé,
étendu sur ma descente de lit, et bien courbaturé.

MARCEL JOUHANDEAU : *Les Pincengrains* (N. R. F.).

Les actions, les gestes, les paroles, les gens, les attitudes, les drames d'une petite ville, rarement je les vis aussi supérieurement notés et mis en scène.

Pour que « la petite ville » ne parût pas un microcosme, mais l'univers, il fallait chez l'auteur un esprit de l'espèce des esprits coniques, et surtout il fallait que tous les personnages vécussent de cet esprit, dans cet esprit.

Cette vue conique, cet esprit conique, qu'est-ce ?

Voir cette maison, celle-ci, celle-là, sur la montagne, quelques rues, autour quelques étendues pas très larges, quelques bourgs voisins (tout cela étant base du cône) et le ciel ou l'enfer (sommet du cône), et Dieu… Voilà l'esprit conique.

Cône de hauteur infinie.

Toute l'œuvre de Jouhandeau participe de cet esprit. *La Jeunesse de Théophile* est davantage le sommet du cône. Les *Pincengrains* sont davantage la base du cône, quoique vue du sommet également.

La ville paraît un autel. Les personnages, certains, font figure de perfection (ainsi l'aïeule dans Mélanie

Lenoir a un caractère sacré). Les autres font figure de blasphèmes contre la perfection, paraissent un péché contre la perfection, et leurs gestes les plus simples, et la femme qui mentalement compose le menu du déjeuner, tout paraît blasphème. Car la perfection prend souvent au sommet du cône la place de Dieu.

La vision de Jouhandeau est exprimée dans un style net, elliptique, âpre, fait d'un lyrisme bref et constamment surveillé, style de censeur et de polémiste, descriptions mordantes, comme des diatribes, style dont Tacite, De Bonald, Ernest Hello donnèrent l'exemple.

Une page des plus puissantes que je connaisse de la littérature actuelle, c'est celle qui termine «Clodomir l'Assassin». Clodomir l'Assassin a tué un sous-officier, un rival, celui qui aimait sa femme, et devient insensible au monde extérieur.

Il faut lire cet acharnement de Jouhandeau tuant le monde autour de Clodomir.

Et au milieu du volume, ce petit chef-d'œuvre : «Madame Quinte».

LE CAS LAUTRÉAMONT

Pour moi, il n'y a pas de cas Lautréamont[1]. Il y a le cas de tout le monde sauf lui, et sauf Ernest Hello[2]. Il y a le cas cuistre, le cas de la littérature, le cas des romanciers, le cas de l'infiniment diverse médiocrité et le cas de ceux qui prennent Lautréamont pour un cas.

Ce dont j'ai autrement besoin, c'est qu'on m'explique le cas Cicéron, le cas La Bruyère, le cas Bazin[3], le cas des petits hommes qui aiment écrire.

J'ai aimé sans restriction ni explication deux hommes : Lautréamont et Ernest Hello. Le Christ, aussi, pour dire vrai.

— Mais, c'est vous qui avez proposé ce numéro —
— Moi, oui ! et alors ?

[COMPTES RENDUS
PARUS DANS
« LA REVUE EUROPÉENNE »]

ÉPICURE. — *Doctrines et maximes*, traduites par
H. SOLOVINE (Félix Alcan[1]).

Une lettre d'un contenu exceptionnellement inté-
ressant, dense, sur la constitution du monde et les
atomes ; — une deuxième et troisième lettre, une bio-
graphie et aussi des maximes dont les divers alma-
nachs populaires français ne manqueront pas de
profiter.

Le Pal par LÉON BLOY[2]. (Stock) — anciens articles
réunis.

Tous les articles de Léon Bloy — comme ceux de
Ernest Hello — traduisent la haine de la médiocrité.

Comme tels ils sont susceptibles d'être réédités en
1920 en 1950 en l'an 2000 en l'an 6000, et en tous les
siècles à venir sur notre planète terre, tant qu'il s'y
trouvera des individus de l'espèce *homo sapiens*. Pour
goûter ces articles, voici la méthode à suivre : Substi-
tuez mentalement aux noms de l'époque, aux Fran-
cisque Sarcey, Paul Bourget etc., les haut-parleurs de
la critique et du roman moderne.

« Ceux-là, Francisque Sarcey, les épluchures
humaines, les prostitués du cabotinisme, la médiocrité

crapuleuse », c'est maintenant Monsieur A., Monsieur B., Monsieur C…

Allons, jetez-vous dans cet exercice, qui est plus formatif, beaucoup plus formatif croyez-le que les mots croisés.

L'Homme et son devenir d'après la Vedanta par MAURICE GUÉNON[1] (Bossard).

Ouvrage de haute chicane parcouru par ce qu'on appelle en musique un leitmotiv et en psychiatrie une idée fixe, et dont voici le noyau : Les professeurs orientalistes d'Europe se fourvoient incessamment en interprétant les écrits d'Orient.

Maurice Guénon paraît radieux de pouvoir signaler cela à chaque page, et d'en écrire d'une façon qui est, hélas, fort européenne.

La Vengeance du condor par VENTURA GARCIA CALDERON[2] (Éditions Excelsior).

Recueil de nouvelles sud-américaines.

Vivent ici des êtres peu communs à Paris, à sa banlieue et à ses alentours européens ; vivent ici des boas domestiques, des fourmis grosses d'un pouce en bandes de cent millions, les condors qui bousculent les montagnards en équilibre sur les rochers, les lamas (et cet étrange Indien qui fut l'amant d'une Lama blanche appelée Killa), le vautour qui évente largement le voyageur mourant avant de crocheter ses orbites et de posément lui gober son œil rond gauche, et son œil rond droit ; se remet aussi à vivre singulièrement un *Vendredi saint*, dans un village chilien. La statue de Jésus-Christ est conduite sur la montagne ; puis devant saint Joseph, c'est-à-dire, devant la statue de saint Joseph, portant le deuil, et un chapeau haut de forme à la main, défilent les bonnes gens de l'endroit, lui serrant tristement la main et disant :

« Tous nos regrets pour la mort de don Jésus. »

M. ODILON-JEAN PÉRIER [1] est réputé poète très pur, sobre, d'infiniment de retenue.

Il vient de publier un jeu de cartes, illustré de paroles magiques.

Aucune carte ne porte plus de deux mots.

Il y a aussi une carte blanche.

C'est sans contredit jusqu'à présent son œuvre la plus dépouillée.

QUI JE FUS

1927

[Portrait de l'auteur gravé sur bois par G. Aubert[1].]

I. QUI JE FUS

Diogène avait coutume de dire que dans sa plus grande pauvreté jamais il n'avait été seul. Il se parlait à lui-même[1].

Je suis habité ; je parle à qui-je-fus et qui-je-fus me parlent. Parfois, j'éprouve une gêne comme si j'étais étranger. Ils font à présent toute une société et il vient de m'arriver que je ne m'entends plus moi-même.

« Allons leur dis-je, j'ai réglé ma vie, je ne puis plus prêter l'oreille à vos discours. À chacun son morceau du temps : vous fûtes, je suis. Je travaille, je fais un roman. Comprenez-le. Allez-vous-en. »

Mes amis m'avaient répété en effet qu'ils étaient philosophes, ce qui ne peut que me nuire. Habiles, et acharnés, ils cédèrent la parole à l'un d'eux, qui en cria plus clair.

« Ami », dis-je à Qui-je-fus, en tirant un valet de trèfle, « c'est le second whist que je perds à cause de toi. Observe que je suis occupé et même occupé à perdre, car les cousins Satry, mes adversaires, sont tout à leur jeu. »

Mais Qui-je-fus me prit la main, tira mon stylo et me força d'écrire une dissertation sur la matière.

C'était absurde et vieux jeu. Je le lui dis, biffant d'ailleurs des mots à la volée, car il en est que je ne puis voir sans sauter des deux pieds. Nous allâmes jusqu'à vingt-deux copies. Tantôt, elles n'étaient pas de son goût, tantôt elles heurtaient le mien. Enfin, le discours tronqué tint dans une page. Il me fit prendre une plume d'acier, avec quoi je suis plus soigneux, et je recopiai ceci :

« L'homme est une paire de mains portées devant une paire d'yeux.

« Le singe ? Le singe ne voit pas ses mains devant lui, car il ne se tient pas debout. Il aime trop grimper.

« Le docteur Matterne, ayant déshabitué un orang-outang mâle de grimper, put lui enseigner à faire des esquisses de meubles et de personnes et à confectionner des chaises.

« Coupez aux hommes leurs mains ou seulement les doigts de leurs mains, de sorte qu'ils ne possèdent plus que moignons. Faites la pareille aux enfants, petits-enfants, arrière-petits-enfants. La dixième génération ne songera plus à bâtir des maisons.

« L'intelligence est dans la préhension, en fonction directe du pouvoir de palper.

« Voyez l'éléphant. Il n'est point bête, possédant un doigt souple : sa trompe ; les fourmis, les oiseaux, bâtisseurs de nids et de galeries, possèdent deux doigts, deux mandibules ou deux doigts de corne : le bec.

« La vache, pour se rendre compte, possède seulement sa langue et ses sabots. Son monde : les aliments et les terrains stables ou instables. Son alternative devant les êtres : ou les brouter ou buter contre. Imaginez un veau capable de dessiner ou de modeler dans la terre glaise avec ses sabots. Il ne pourrait voir son dessin, le dessin étant sous lui ; il devrait se reculer pour le considérer à mesure qu'il l'ébauche.

« On ne vit jamais les chèvres s'organiser en société. Pourquoi ? Parquez-les dans un pré, chacune s'en ira de son côté ; l'une ne cherchera pas à parler à l'autre, elle n'en a pas besoin. C'est que les sabots et les langues de toutes les chèvres se valent, savent faire identiquement des choses identiques : brouter et grimper.

« Mais la main a d'infinies possibilités ; nos actions, nos métiers, nos connaissances n'ont eu besoin que d'occasions différentes pour se diversifier. Telle main, tel homme, sait faire telle chose ; tel autre sait faire autre chose. L'un eut besoin de l'autre, et tous eurent besoin du village et de se faire comprendre avec plus de précision que par cris, onomatopées et à-peu-près.

« L'homme, l'industrie, le langage sont sortis de la main. »

— Mon ami, lui dis-je, je me rappelle cette manière de concevoir le monde, que les matérialistes rejettent parce que poétique, et que les poètes rejettent parce que matérialiste. Je me rappelle cette fâcheuse sorte d'esprit, car ainsi étais-je quand je terminais mes études aux Jésuites, vaguement tourné vers Haeckel[1] et les théories anatomiques et cellulaires.

Qui-je-fus dit :

« Tu es écrivain. Je te prie, imprime-moi.

— J'ai lu, répondis-je, des collègues pareillement privés de sens et qui s'imprimaient, mais ton œuvre est tronquée et quasiment nulle. Si encore tu racontais quelque amourette, ou quelque bonne plaisanterie…

— Je ne veux pas mourir », dit-il.

Par la vertu de deux pages pareilles, espérer qu'on

se souvienne de lui! Quoiqu'il en eût fallu rire, je trouvai cela désolant.

Qui-je-fus, matérialiste, une fois parti, vint un autre déclamant plus que rédemptoriste en la chrétienté, si bien que je ne pouvais plus faire une addition de trois chiffres sans me tromper.

J'écrivis, pour qu'il se tût, une partie de son discours, encore que je fusse froissé, et que cela m'éloignât de mon roman.

« L'âme c'est tout l'homme. Elle peut se déplacer et se déformer. L'attention est l'attitude, la seule faculté de l'âme. Les sensations et pensées sont des déformations de l'âme équivalentes aux objets. Vous voyez un sapin, vous pensez un sapin :

« C'est que vous êtes devenu sapin, une partie de votre âme au moins s'est faite sapin, réellement sapin, aiguille, bois et résine. On peut projeter au dehors le fantôme d'un homme, le reconstituer à distance, avec sa chair, ses yeux, sa circulation sanguine, son anhydride carbonique, sa canne en bois à pommeau d'ivoire.

« Les Européens ont pris l'habitude d'accroître les sensations, les équiformations, en nombre et en vitesse. Ils excellent dans la logique, l'imagination, et la représentation des surfaces des choses. Les Orientaux accroissent les équiformations en dimension, en profondeur, en fixité. Un fakir, ayant pendant deux mois arrêté la pensée de son âme sur une statue, la forme mentalement avec une telle perfection, qu'un passant ne peut circuler dans un rayon de trente mètres sans que la statue ne s'impose à lui.

« On peut subir des déformations à distance, et infiniment légères, venant d'un mouvement commencé il y a des siècles. Mais l'âme a pris dans le corps des habi-

tudes comme un bourgeois dans sa maison. Notre
homme utilise, pour sortir, la porte, quoiqu'il puisse le
faire par les fenêtres, le balcon, la cheminée, le toit, et
qu'il puisse forcer le mur. L'âme, encore qu'elle puisse
sortir du corps, a pris des trajets plus commodes pour
se manifester extérieurement : ce sont les nerfs.

« Battez le cerveau, l'âme ne travaillera plus au-
dehors.

« Habitude !

« Elle est tellement accoutumée à capter les impres-
sions par tel endroit, que l'œil frappé voit des lumières,
que si l'on chauffe la peau aux points dits points de
froid, on a froid.

« Les organes sont des chemins ; la paresse de l'âme.
En s'appliquant, on peut voir, les yeux bandés, par la
peau du front, de la poitrine, et même directement.

« La seule habitude fait qu'on voit les objets par les
yeux, et les pensées du prochain dans les paroles.
Mais les saints pouvaient lire dans la pensée.

Franz Hellens (dans *Nocturnal*[1]) raconte l'histoire
d'un homme qui volait les manuscrits dans le cerveau
d'un écrivain. Peut-être Platon ne lit-il pas autrement
Phédon. Les penseurs et inventeurs lisent dans les
esprits d'hommes inventifs mais peu exercés au manie-
ment de la parole ou d'outils. Les véritables inventeurs
restent inconnus.

Les âmes des morts vivent, mais encore fort émues
des phénomènes de la mort, elles ne s'intéressent
qu'aux accidents et n'avertissent guère les vivants que
de cela, morts et catastrophes.

Qui-je-fus dit :
« Publie-moi, je te prie.
— Et mon avenir ? dis-je, car je songe à la franc-

maçonnerie qui me ferait du bien. Au reste, où pour-
rais-je te faire insérer ? Dans mon roman, tu serais en
mauvaise compagnie ; l'on y voit des personnes éhon-
tées, en caleçon de soie, et d'autres qui déjà l'ont
enlevé pour d'autres jouissances. Par ailleurs, sans
vouloir te blesser, ton morceau est bien court.

— Je ne veux pas mourir, dit-il.

— Ça va, fis-je... » mais vint encore un troisième,
un sceptique, celui-ci.

« La terre, les plantes et l'homme bâtis sur des prin-
cipes différents, c'est le tort de Dieu, le tort qu'il eut
d'espacer sur six jours le travail de sa création.

« L'homme est une âme à qui il est arrivé un accident.

« Sur quelque manière que nous portions nos
réflexions, nous, Platon, M. Durand, ou tel idiot congé-
nital, nous ne composons qu'erreurs. Toute chose,
tout être, la nature en un mot, se présente à nous
brouillée. On a pipé les dés !

« Bien pis, c'est nous qui sommes pipés. Les hommes
sont pipés. Des pipés jamais ne guérirent joueur du
jeu, et moi non plus je ne m'abstiendrai pas de réfléchir.

« Nous manquons de quoi nous contrôler.

« Car la transformation est notre infini, on ne peut
faire fond sur quoi que ce soit qui ne se transforme, et
si on est, on n'est que successivement. Le têtard, pour
devenir grenouille et prendre patte, perd sa queue.

« Pour étayer des pensées, il faut en supprimer. Abs-
traire. Le raisonnement est par définition une pauvreté,
puisqu'on n'arrive à une conclusion qu'en faisant abs-
traction, en supprimant les gêneurs. De plus pendant
que tu raisonnes, ta propre pensée originale s'est
modifiée, donc tu mens.

« Nous manquons de quoi nous rendre compte. Les
yeux découpent devant nous de petites tranches du

monde. Or, les choses sont autour de nous et point en face. Certaines, nous les avons dans le dos. Tu regardes devant toi ; sur les côtés, elles changent. Tu te tournes à gauche, elles changent derrière toi, à droite, et à la ronde. Jamais on ne vit d'un coup d'œil tout ce qui nous entoure. On ne vit jamais une pomme. Elle se cache, côté derrière côté. Le côté opposé au côté vu changerait brusquement, tu n'en serais point averti. Elle se cache derrière sa pelure, derrière le dos de sa pelure. Nos sens perçoivent les surfaces des choses. Si l'on voyait l'intérieur des choses, je conteste d'ailleurs que nous serions plus instruits. Quant au microscope, on n'aurait pas fini d'observer un pépin que la pomme serait pourrie.

« L'âme est un océan sous une peau. On n'en connaît que les tempêtes et quand elle résiste au mouvement, aux vibrations de ses environs. L'âme même nous échappe. Seules se proclament ses émotions.

« Penses-tu, c'est que cette pensée te donne chaud à la tête et de notre vie même nous ne nous rappelons que des accidents.

« Nous manquons de quoi nous exprimer. Les hommes ne peuvent s'entendre. La parole, si vite qu'elle soit, n'est pas à la vitesse de la pensée. C'est un express poursuivant une dépêche.

« La littérature est un gosse qui, poursuivant un papillon invisible d'une tierce personne, voudrait par ses propres zig-zag, représenter le parcours du papillon.

« L'esprit, naturellement, est dadaïste. Une minute dans un cerveau, c'est des tables, des rayons de soleil, des chiffres, des fleuves, des losanges, des mélodies, des bruits, du rouge. Mais on s'est mis en commun pour les besoins du ventre, il faut se faire entendre du

boulanger pour avoir du pain. On fait effort continuel
pour se banaliser. Le rêve qui paraît drôle provient de
ce que l'homme se parlant à lui-même cesse de se
gêner.

« Seuls, les êtres qui nous sont déjà familiers, nous
les savons observer. Pour les autres, nous nous com-
portons comme ce roi qui, interrogé sur quels gens il
étendait sa domination : Vieux et jeunes mêlés, dit-il,
je gouverne six cent mille kilos, ou peu s'en faut.

« Si des nègres viennent à défiler dans nos rues,
nous nous étonnons à les voir si monotones : Tiens,
tiens, c'est toujours le même !

« Sur les animaux, nous nous livrons à une psycho-
logie de foule. Les moineaux, les souris. Mais ce moi-
neau-ci, cette souris-là, quel est son nom ?

« Un savant voit les fourmis batailler entre elles
d'espèce à espèce. *Formica rufa*[1] ne supporte pas voi-
siner avec telle fourmi noire. Phénomène bien simple
dit l'homme de science. Les ayant séparées, il se met à
uriner sur la fourmi noire, contre laquelle désormais
Formica rufa ne paraît plus nourrir d'hostilité.

« Ah ! ah ! il se rengorge.

« Voilà donc expérience, démonstration et conclu-
sion : c'est l'odeur de la fourmi noire qui incommo-
dait *Formica rufa* et que l'urine a dissoute.

« Bon ! Mais toi qui détestes les soutanes, en ver-
rais-tu, fut-elle jésuite, glisser dans un égout, ne lui
tendrais-tu pas la main ?

« Pour les choses, les chimistes les ont réduites aux
propriétés ultimes, au-delà de quoi est le néant :
poids, attraction.

« J'imagine un raisonnement analogue, chez des êtres
intelligents, de la grandeur d'une planète, qui expéri-
menteraient sur la faune terrestre. *Les lions s'unissent*

aux gazelles. Réunissant hommes et pommes de terre, ils constateraient attraction, et que la chaleur favorise cette union.

« Leur terrain d'expérience porté aux Indes, où fakirs et mendiants s'abstiennent d'aliments, ils accuseraient l'imperfection de leurs appareils et plus loin recommenceraient l'expérience jusqu'à ce qu'elle réussisse au cent millième. Ils n'admettraient pas que les hommes portassent des puces et nous n'admettons pas que les atomes soient couverts de verdure. »

« Publie-moi, dit-il, je te prie. »

Ah ! par exemple, y en a-t-il de pauvres fous en moi ! Vous avez vécu un an, deux ans dans notre commune peau et vous me faites la loi, à moi qui suis.

« Je ne veux pas mourir », dit ce *Qui-je-fus.*

« Je ne veux pas mourir », et pourtant, il est sceptique ! Voilà comment on se leurre. Et voilà comment on manque tant de choses. On a le désir d'écrire un roman, et l'on écrit de la philosophie. On n'est pas seul dans sa peau.

II. ÉNIGMES

À Jules Supervielle[1].

Ceux-là savaient ce que c'est que d'attendre. J'en ai connu un, et d'autres l'ont connu, qui attendait. Il s'était mis dans un trou et il attendait.

Si toi-même tu cherchais un trou pour quelque usage, mieux valait, crois-moi, chercher ailleurs un autre trou, ou bien à ses côtés t'asseoir, fumant les longues pipes de la patience.

Car il ne bougeait point de là.

On lui jetait des pierres et il les mangeait.

Il avait l'air étonné, puis il les mangeait. Il demeurait ainsi pendant le sommeil et pendant l'éveil, plus que la vie d'un préjugé, plus qu'un cèdre, plus que les psaumes qui chantent les cèdres abattus ; il attendait ainsi, toujours diminuant jusqu'à n'être plus que l'orteil de lui-même.

*

Il avait marché, m'a-t-on dit, pendant des années et des siècles, consultant le calendrier.

Et, à présent, il vérifiait si tout le monde était là.

C'est qu'à ce 25 décembre, il avait donné rendez-vous, autrefois, il y avait six cent six ans, à des soldats dont les parents n'étaient pas nés, à des armes qui n'avaient pas été inventées, à un massacre immense dans un lieu inexploré.

Quand tout se tint au rendez-vous, il fut trouvé mort, mais encore tiède.

*

Le châtaignier prouvait contre le pommier l'existence de l'homme — mais c'est la lampe à arc qu'il avait prise pour celui-là.

*

J'étais la mimique.

D'un homme la figure, mais dans le chien j'occupais la queue, et donc traînais, quand une charrette passant au ras des cuisses du chien, je suis tombé par terre.

Le soir venu, un homme prenant ça pour un cigare ramassa la mimique et fut effrayé.

*

J'étais un fœtus.

Ma mère me réveillait quand il lui arrivait de penser à M. de Riez.

En même temps, parfois se trouvaient éveillés d'autres fœtus, soit de mères battues ou qui buvaient de l'alcool ou occupées au confessionnal.

Nous étions ainsi, un soir, soixante-dix fœtus qui causions de ventre à ventre, je ne sais trop par quel mode, et à distance.

Plus tard nous ne nous sommes jamais retrouvés.

*

Il marchait toujours droit devant lui, sans se retourner. Les arbres, sur son chemin, il les culbutait, et si plats que des photos.

Hormis cela il était complaisant — même il lavait le linge en passant ; on lui faisait porter des lettres, d'une étape à l'autre, qu'un ami venait prendre à l'arrivée. Mais si c'est un village qui se trouvait devant lui, il croyait que c'était pour emporter, et il l'emportait.

*

Il s'est dressé au milieu d'eux : « Laissez tomber les chaises, dit-il, et allez-vous-en, les chiens d'abord, puis la queue des chiens, puis les femmes et les enfants. »

Devant eux est le désert.

« Ne confondez pas les chameaux et le sol. Car de l'un seul sort un grognement, et l'aide dont vous aurez besoin. »

Alors ils dirent entre eux : « C'est une route qu'il nous faut. Or donc, plantons des arbres. » Et ils les plantent au fur et à mesure du trajet.

Et ils avancent — et toujours le désert ! Ils ont des enfants.

Après vingt années les enfants dirent aux parents : « Vos genoux sont vieux ! Oui, vos genoux sont vieux. Vous ne pouvez le nier. » Et ils décident ceci : les parents resteront dans les arbres, on leur donnera aussi un chien, une laisse et l'horizon tout autour.

Eux repartent.

Et pareillement font les fils des fils, et pareillement les petits-fils des fils.

Quatre générations restèrent dans les arbres. La cinquième arrive enfin au terme du désert.

Les chiens aux arbres ont dû, je pense, rudement aboyer.

*

J'étais une parole qui tentait d'avancer à la vitesse de la pensée.

Les camarades de la pensée assistaient.

Pas une ne voulut sur moi tenir le moindre pari, et elles étaient bien là six cent mille qui me regardaient en riant.

*

Coupe le chat, il reste la queue ; il l'a dit et voilà comme il était. Ils sont tous ainsi, te dis-je, tous, même mes amis. Je les laisse dire. Moi, je ne parle qu'aux yeux du chat, pas à sa queue.

Ceux qui emploient un langage vulgaire comprendront mes paroles de certaine façon... Et alors ?

*

Il entretenait, avec un arrosoir, un jardin de boue.
Et de jour, sous le soleil, c'est un jardin d'or.
La nuit, le jardin d'or est dans son rêve.
C'était l'homme le plus riche de la terre.

*

Il ricanait paisiblement. Tu allais à lui avec un bâton. Il te le rompait net, mais tout aussitôt regret-

tant son méfait, lui-même te le remettait entier dans la
main. Et toi, vainement, de chercher où le bâton
s'était trouvé rompu.

Mais l'homme qui s'avançait contre lui pour un à
bras-le-corps, il l'empochait. Et dans ses poches est
asphyxie et mort. Quand l'homme devenait puant, il
le sortait de sa poche. Celui-ci en tombant se rompait
la carcasse.

*

Il arrivait avec un bruit terrible, mais lui-même
tremblant, quoiqu'il eût pu écraser dix hommes et
leur ménage à ces dix hommes.

On avait coutume de lui grimper dessus.

Il montrait alors ce qu'il pouvait faire.

Les maisons, les ayant prises au fur et à mesure de
son passage, il les jetait à droite et à gauche, derrière
lui, mais ensuite les reposait sur terre, avec la délica-
tesse d'une vieille habitude, comme on range son
mouchoir dans sa poche. On ne s'étonnait plus de la
chose, sauf toutefois les jeunes chiens.

*

Je formais avec de la mie de pain, une petite bête,
une sorte de souris. Comme j'achevais à peine sa troi-
sième patte, voilà qu'elle se met à courir... Elle s'est
enfuie à la faveur de la nuit.

*

Mon premier est touché à mort
Mon deuxième se brosse en attendant

Mon troisième ramasse les noyaux
Est battu par mon quatrième
Et mon tout dit : « C'est moi le bon juge. »

III. PARTAGES DE L'HOMME

RÉVÉLATIONS SUR L'HOMME
QUI S'EST JETÉ
DU SOIXANTE-DEUXIÈME ÉTAGE
DE KREE-KASTEL À BROADWAY
ET QUI S'APPELAIT BENSON

Il est mort de saisissement!

C'était un lâche. Au moment que déjà il tombait, seulement alors il eut peur, en voyant l'énorme espace au-dessous de lui. Le corps seul tombe. Lui, Benson se retient, reste sur place à peu près à la hauteur du cinquante-neuvième étage ou entre le cinquante-neuvième et le soixantième et regarde le corps qui descend, descend, est descendu et s'épanouit en morceaux. Alors, lentement Benson (l'âme de Benson) commence à descendre, voit son corps de près et qu'il n'est plus habitable; il se met à regarder l'attroupement d'un air gêné, le policeman qui écrit sur son calepin et les personnes qui s'en vont avec une histoire de plus à raconter chez eux ce soir-là.

Oui, Benson est un lâche. Mais il faut une incroyable

force de volonté quand on tombe pour rester quand même dans son corps, malgré le prochain écrasement des tissus.

Oh! oh! une prodigieuse force de volonté.

Parfois aussi la chute s'est produite seulement du troisième étage et le corps est moins endommagé.

Le médecin procède à la respiration artificielle pendant une heure et il se dit : « qu'il le raura à la vie ce bougre de client ; qu'il le raura ! » Mais l'âme s'est déjà éloignée et c'est exactement comme s'il essayait de faire respirer une gabardine.

Il arrive aussi que l'âme regrette sa lâcheté. Elle est à rôder autour du corps, le juge en état encore satisfaisant s'y glisse, essaye rapidement différentes positions de concordance, enfin se cale dans le corps qui respire aussitôt. Et le médecin sourit en s'épongeant.

ÉVASION

Vous savez qu'on rayonne, qu'on se jette hors de soi de tous côtés, ou seulement en ligne droite ; et loin de ses immobiles fémurs et de son immobile cage thoracique et de sa chambre à coucher immobile, on fait les plus longs voyages. C'est l'âme qui s'en va, seule, vite.

Il y a des transports de cent kilomètres et plus. Ceux qui habitent les colonies, il arrive qu'ils s'obstinent à se jeter outre-Atlantique et par-delà le désert, pour une femme et des parents qu'ils ont à Paris. Leur cuisinier les voit maigrir. Cela dure parfois deux ans, parfois cinq si l'homme est robuste. Les médecins appellent cela nostalgie. Ils conseillent le changement, mais l'homme meurt bientôt.

Semblablement le pêcheur breton qui, les bras ouverts, se noie au large, fait un grand et dernier effort pour atteindre ceux qu'il aime, et quoique près de l'Islande, 67° latitude Nord... 22° longitude... il s'oriente rapidement. Déjà il revoit Ploumanach et sa maison, il se met à caresser sa femme et sa mère, qui tout à coup s'effraient et apporteront désormais dans leur vie entière une grande poésie. Quant au noyé, il se désespère de n'avoir connu son pouvoir de translation qu'à l'article de la mort. Il voit passer dans sa mémoire ses croisières de deux ans, de six mois, de quatre mois, pendant lesquelles il demeurait stupidement les deux jambes écartées dans le roulis et l'odeur marine disant : « Chien de temps » ou ne disant rien et ne pensant rien non plus, alors qu'étaient si possibles, si réalisables, des évasions vers où, et n'importe où son désir le poussait. Mais voilà, maintenant il est dans la mort, on ne tiendra plus guère compte de lui. Il tâchera de chuchoter seulement quelques bons conseils à sa femme.

LES CHUTES

Quand je mange peu, je sens en moi des chutes. Tout à l'heure, cette bouteille qui tombait, je crus tout d'abord que c'était moi. Ce n'était pas moi. Moi, je ne casse jamais. Je traverse le plancher sans résistance à une vitesse de pierre. Je me heurte ensuite à une couche de gneiss ou à quelque talus de pléistocène et si c'est bien solide j'y reste. Oh ! je n'ai rien de l'explorateur, je me promène seulement, je tire des billes de ma poche et je joue. Voilà toutefois au moins dix ans que je ne porte plus de billes sur moi. Peut-être je suce mon crayon. En tout cas, je ne suis pas curieux le moins du monde du pléistocène. Je sais bien qu'après quelques vertiges, je reviendrai bête-ment à la surface auprès de mon lit, me remettant à parler français qui est ma langue maternelle et à fumer, ma foi oui, à fumer.

COMME JE MOURRAI

Depuis toujours je cherche à remplir ma journée et aussi ma nuque à laquelle il manque tant de matière. Je l'avoue, je suis un creux fermé et quand je vois un précipice, attraction... hop!..., mais mon père qui me connaît est déjà derrière moi et me tient solidement par le poignet, au-delà de mon gant. Car, il le sait, je m'incline sur le vide avec un naturel... avec un grand naturel. Toute ma vie je serai ainsi, tombant! Je tombe de la campagne dans la ville, je tombe du col-lège dans un bureau, d'un bureau sur un steamer qui va droit à Rio, je tombe d'un métier sur un autre et je tombe de mes dix-neuf ans sur mes vingt ans, et enfin, je suis toujours prêt à tomber d'un balcon. Cela est si naturel de tomber d'un balcon, il y a tant de maisons et de villas, tant de balcons et mon père ne sera pas toujours là pour me retenir par la manche. Ce jour fatal, souvenez-vous que j'avais tout prédit.

TECHNIQUE DE LA MORT AU LIT[1]

COMMENT FORMER SON ÂME À L'IMAGE DU CORPS ET COMMENT LA SORTIR

Il est possible de sortir de soi.

Mme X... avait coutume de s'évanouir, se faisait une lucidité, revenait à elle avec un bon mensonge. Excellent exercice préparatoire au jour dit le dernier !

En effet la difficulté est grande de mourir. C'est qu'il faut se reformer l'âme entière au-dessus du corps, complète et parfaite, les manchots avec leurs bras et les cardiaques avec leurs valvules mitrales exactement étanches ; une pulsation imprévue et tout est à refaire. Or la plupart des hommes que j'ai connus dans leurs derniers jours étaient embarrassés, se jetaient du côté droit sur le côté gauche, enrageaient contre les couvertures, essayaient de se sortir l'âme tantôt par la poitrine, tantôt par la tête. J'ai connu un moribond ignare qui mit cinq jours à se former une jambe. Il souffrait réellement, il voulait tant être mort. Pauvre homme !

Ma grand-mère mourut merveilleusement. Elle était dans son fauteuil à faire de la broderie, la déposa sur ses genoux et dit : « C'est mon dernier point de Malines, mes enfants », rejeta son dernier souffle profond et bien calculé, elle était morte.

KARISHA, AIMÉE DES MORTS

À André Gaillard[1].

Quand un esprit touche un corps, il a froid.

Karisha était très douce, en même temps très forte, d'une tendresse singulière et générale, telle qu'elle ne pouvait faire un pas sans que plusieurs esprits de morts ne vinssent sympathiquement se poser sur elle. (Ils se revivifiaient de la sorte.) Elle, à de menus travaux, cherchait la chaleur par l'activité.

Mais un esprit vous rafraîchit plus que quelques dizaines de degrés de latitude vers le Pôle ; et le tricot de laine bleue qu'elle mettait, qu'est-ce que c'est qu'un tricot de laine bleue contre une bande d'Esprits infiltrants ?

Elle tombe malade.

Un par un, successivement, ils approchent pour ne pas la refroidir trop d'un coup. Mais... voici presque la fin de Karisha. Elle n'a plus que deux heures à vivre.

L'Esprit Chertoli seul entre, comme le plus charmant, frappant d'abord un coup à la porte, à quoi se reconnaissait qu'il avait été homme et adulte. Elle le laisse entrer, songe toutefois qu'un rien de froid en plus, elle mourra, car elle est déjà froide jusqu'aux cuisses. Le froid vient ! Morte ! Elle est morte ! Elle est morte, Karisha et voici que son âme va au loin, puis les Esprits Karfar et Nangar luttent à qui entrera dans le corps encore tiède de Karisha, et luttent longtemps.

Tantôt c'est Karfar qui agite les bras du cadavre,

tantôt c'est Nangar, et le cadavre crie et rage avec des voix d'hommes. Les parents de la jeune femme s'attristent...

Ils la croient devenue folle, elle qui est morte depuis bientôt une demi-journée.

Enfin, on empoisonne le corps de Karisha qui devient bleu.

Karfar et Nangar, voyant que c'est inhabitable, s'en sont allés.

L'ÉTOILE EN BOIS

> *Pourquoi pas un journal de l'impossible, du Jamais arrivé*[1] *?*

À Alfredo Gangotena[2].

Les habitants de la planète Mars s'occupent beaucoup. Maintenant, ils font une étoile en bois, en bois très dur, presque aussi ininflammable que la porcelaine et qui jauge plusieurs kilomètres cubes. Ils travaillent longtemps, la sphère grossit, grossit, grossit; quand on a dépassé le niveau des supernumici[3], ne montent plus dessus que des gens entreprenants et des désespérés avec des animaux domestiques et des semences et de la terre végétale. Puis, à peu près au moment calculé, car il y a toujours des perturbations d'un certain ordre, l'étoile en bois se met à rouler (les habitants se réfugient à l'intérieur), se met à rouler à une grande vitesse.

Les voilà partis.

Les Martiens en ont déjà lancé trois.

Elles tournent autour de Mars avec régularité, et à l'œil des Martiens sont grosses comme des melons.

ARBRES EN CATALEPSIE

LE BOIS DE BOULEAUX DE FEYR

Quand passe un troupeau de moutons laineux près du bois de bouleaux, la sève de ceux-ci s'arrête de couler. C'est chose étonnante, les 3 400 coulées de sève qui font halte une demi-heure, une heure, tant que passe le troupeau. Les bûcherons expérimentés s'abstiennent de frapper, car, s'ils frappent dans ce moment, l'arbre abattu périra promptement.

Il ne faut pas abattre un arbre ému.

La forêt souffre toujours du passage de moutons laineux à l'horizon; mais si le troupeau reste à paître une journée, la sève se remet à circuler, petit à petit.

FATIGUE I[1]

Il allait lentement, le plus lentement possible pour que son âme pût éventuellement rattraper son corps. Il est fort inquiet de n'être parti qu'avec les trois quarts de celle-ci car en face des incidents de la vie, on n'est pas de trop tout entier.

Combien de pensionnaires se sont endormis dans

les dortoirs qu'on réveille le matin au son de cloches
— on les force aussitôt à se lever, à se laver — qui res-
tent fatigués toute la journée tandis qu'une partie de
leur âme continue à circuler dans les dortoirs entre
clefs et autres objets en fer, morceaux humains ne
pouvant se reposer et ne sachant que faire. Ces
enfants se morcelant ainsi chaque nuit se trouvent à la
fin du premier trimestre réduits à une portion d'âme
tellement petite que bientôt il n'y en aura même plus
assez pour faire un imbécile.

FATIGUE II

Oui, il faut se méfier des grandes fatigues. Une
fatigue, c'est le bloc « moi » qui s'effrite. Comprenez-
le bien. On arrive ainsi à se perdre l'âme par bribes et
morceaux.

Des soldats après dix étapes meurent souvent. Ils
crachent leur sang qui ne leur sert plus de rien.

Il reste ainsi des tas de morceaux d'âme dans les
campements où l'on n'a pas assez dormi. Ces âmes se
mettent à errer autour des métaux ou se diluent dans
l'eau.

J'avais une amie qui perdait tous ses sentiments
dans l'eau. Elle m'aimait. Son mari, pris de soupçons,
se sera mis, je parie, à lui vanter l'hydrothérapie et la
distance a fait le reste. Chère petite âme, va, mais
petite âme à petite portée ! À Bruxelles, où nous
demeurions à quelque cent mètres l'un de l'autre, elle
m'apparaissait souvent tout d'un coup à la lisière d'un
mur, me regardait bien dans les prunelles. C'était très

doux. Mais quand je fus à Paris, à trois cent quinze kilomètres... c'était trop pour toi, je t'excuse, sois en sûre.

Je me demande au fait jusqu'où elle m'eût aimé. À Nancy m'eût-elle aimé ? À Anvers m'eût-elle aimé ? En mettant l'eau à part naturellement, et mes ennemis qui n'éprouvent aucune difficulté à répandre que je suis un peu fou, un peu bizarre et qu'il serait bon de se méfier.

HOMME D'OS

À Jean Paulhan[1].

Parfois il nous semble certain qu'un durcissement se produit en nous dans un organe, dans une région corporelle quelconque. Chez moi, et généralement quand il m'arrive de boire de l'eau, c'est la tête qui durcit, et appuie sur moi comme un pèse-mains. Le minerai, ce qui se calcule en tonnes, toutes les grosses pièces, les madriers, je me mets à les connaître. On est frères. Mais c'est surtout l'homme que dans ces moments-là je me plais à observer. Le voici. Moi-même tout en os, je me campe devant. Lui (son âme veux-je dire), fléchit comme le regard d'une vieille propriétaire devant son assassin, — ce regard qui cesse d'être au point, cette distribution du sang qui se modifie, ces nappes d'anémie qui apparaissent dans le visage, — il se met à chercher dans son passé et dans ses reproches personnels contre lui-même, je le sens qui rebrousse chemin dans sa peau, dans sa chair, et

de plus en plus au fond ; alors avec quelques connais-
sances médicales vous établissez aisément si l'homme
a un cancer au foie, s'il fait de l'albumine, s'il dort en
arc de cercle se plaignant que le lit est trop étroit mal-
gré ses 2 mètres 20, s'il transpire excessivement à
l'aine, s'il supporte les grandes altitudes, et l'air de la
Manche, et bien d'autres choses, croyez-moi, et la
façon comment. Il faut qu'il avoue tout à l'homme
d'os.

Je ne suis pas encore parfaitement homme d'os, cela
viendra, alors je verrai le passé et l'avenir et dans l'es-
pace entier.

TELS DES CONSEILS D'HYGIÈNE
À L'ÂME

Âmes effilochées, âmes cotonneuses qu'un rien dis-
tribue, il est bon que le matin surtout vous travailliez à
vous parquer, à vous serrer, à repriser vos parties, que
la nuit et les rêves n'ont que trop mises à la dérive.

C'est l'heure où il faut se nourrir. Chacun sa
manière je l'accorde, celui-ci gobera un œuf, tel autre
c'est du porridge qu'il lui faut ; une mélodie, cela suf-
fit parfois aussi, mais nourrissez-vous de grâce, nour-
rissez-vous comme un jeune cristal octodécaèdre au
fond d'une dissolution légère qui sollicite à se solidi-
fier octodécaèdriquement avec lui tout ce qui dans ses
alentours aqueux n'est point définitivement tourné au
liquide.

Ainsi, avec acharnement, avec sens. Car dans la
journée qui vient vous aurez affaire aux hommes d'os,

et malgré le mensonge et l'hypocrisie que je vous conseille, la partie ne semble pas égale. Oh ! non !

Veillez donc, veillez les indécis, veillez les habitués de la balance, les ballottés et les flotteurs, les gaspillés de projets (mais au moment de l'action une inhibition se présente à la racine de chaque doigt), les habiles à trouver des carrefours sur les routes les plus droites, et des interrogations par rangs de quatre à tout sujet. Veillez.

✳

Il y a des jours où je vois tout aplati comme sur une toile, et à distance, et qu'on me dise alors « viens », d'abord un personnage d'une toile parle-t-il, et puis, attendez, attendez donc, mon âme est en quenouille autour de ma colonne vertébrale, et se dérouler ne peut se faire d'un coup. Il me faut plusieurs heures.

✳

Je ne peux pas me reposer, ma vie est une insomnie, je ne travaille pas, je ne dors pas, je fais de l'insomnie, tantôt mon âme est debout sur mon corps couché, tantôt mon âme couchée sur mon corps debout, mais jamais il n'y a sommeil pour moi, ma colonne vertébrale a sa veilleuse, impossible de l'éteindre. Ne serait-ce pas la prudence qui me tient éveillé, car cherchant, cherchant et cherchant, c'est dans tout indifféremment que j'ai chance de trouver ce que je cherche puisque ce que je cherche je ne le sais.

✳

J'ai un cœur terrible, c'est en toute chose qu'il trouve sujet à battre. Il fait de l'émotion toute la journée, c'est un marteau, je suis le mur, il prend toute la place dans le monde. Je sors, je vais aux Indes, mais hélas je sors avec mon marteau, et il n'y a que lui pour moi, il ne me laisse rien regarder, c'est bien pour cela aussi qu'il m'a fallu renoncer à l'étude des sciences, à gagner ma croûte et à tout.

IV. VILLES MOUVANTES

Comme nous y étions, la rue se mit à bouger, et elle s'en alla. Bosson qui était en face me tendait la main... Mais peut être le lendemain serait-elle de retour « on reviendrait, mon vieux, pour sûr on reviendrait ». Ceux qui étaient au 7ᵉ étage, plus haut de bord que les plus hauts paquebots Nord Atlantique étaient bien émouvants, des testaments olographes écrits à la hâte s'éparpillaient par terre. La maison d'en face et la rue tout entière voyageaient, point exactement de conserve avec la nôtre, ni parallèlement, mais un peu en retrait, et on tendait le cou pour voir jusqu'au tout dernier angle. Il y avait dans ce départ une telle souplesse comme si tous les jours ces rues allaient à la promenade. Les gens d'en bas plus remuants, plus inquiets, ne pouvant s'assimiler assez vite l'idée du voyage, circulaient de-ci de-là, à la recherche d'endroits qui restassent à Misolonghi, mais après un quart d'heure ou une demi-heure au plus se retrouvaient navrés, dans le grand convoi des rues en partance. La ville s'éloigna, glissant en parfait équilibre, comme sur des rails.

Tout cela n'est plus qu'un lointain souvenir dans le Missonori.

Il y avait beaucoup de femmes dans ce district qui

étaient engagées comme bonnes dans la ville, en ce temps-là. Ils (les maris) furent autorisés à se remarier au bout de deux ans, car de la ville il ne serait vraisemblablement plus jamais question. Il y avait aussi des hommes employés dans cette ville. Leurs femmes reçurent la même autorisation.

La ville doit avoir pris par le travers de la forêt du Keenan.

Les sondages dans l'Atlantique se font de jour en jour plus nombreux. Vous verrez qu'un jour ou l'autre on y retrouvera des inscriptions :

BOULANGERIE PÂTISSERIE
Les petits pains les plus dorés du monde

KEENAN, à Misolonghi

HUDSON

CHIRURGIEN-DENTISTE
arrache toutes les dents de Misolonghi

Beaucoup de personnes sont tombées avec leur matelas, se sont jetées avec leur matelas. On ne peut pas estimer gros le nombre des rescapés. Tout le monde sait que d'un homme et d'un matelas unis, c'est l'homme qui est le premier à terre.

Les parachutes furent détruits par la quantité de gens qui se les disputèrent. Un homme fit fortune qui prétendit pouvoir fabriquer dans son usine dix-sept parachutes par jour. Le premier soir il y eut cours sur le parachute, ce fut un cours bien écouté, comme on imagine des noyés qui suivraient un cours d'hydrographie : l'art de coudre un parachute, l'art d'agripper un parachute, l'art de tomber sur les arbres, comment éviter le vent, comment s'en servir. On prenait des notes. Un imbécile notoire qui n'avait jamais pu saisir plus de deux sortes de triangles, ni les principes élémentaires de la pesanteur, se fit en l'espace d'une journée des cheveux blancs sur la question.

Le journal *Le Misolonghi hebdomadaire*, toujours tendancieux, décidait qu'il ne fallait pas user de parachute, qu'il fallait tenir coûte que coûte, que ceux qui ne tiendraient pas, et bien... bon voyage ! Quant à eux, les vrais Misolonghiens, il fallait de l'honneur et songer à ses enfants.

Vers 5 heures de l'après-midi seulement on commença à consulter des cartes, les terriens les plus endurcis, les plus fermés aux quatre points cardinaux, retrouvèrent immédiatement des souvenirs de marine.

Ralison aperçut sa fiancée dans le Connecticut, qui avait refusé de l'épouser parce que trop sot, disait-elle, l'armée lui ferait du bien, ou le voyage.

Il ne put arriver à lui faire signe.

K. Salisbury, capitaine de vaisseau, s'occupa d'abord de mettre des fanaux à l'avant, et à l'arrière, des projecteurs dans les faubourgs et un veilleur dans la cathédrale. Pauvre homme !

Une ville qui s'en va sans motif peut aller loin, songez-y, très loin.

La vitesse devait être de 20 à 22 kilomètres à l'heure. Tout un jour on fut à 18 kilomètres à l'heure. On interrogeait le capitaine. Le capitaine disait qu'on verrait bien. Le lendemain la vitesse redevint normale. Ce fut heureux pour le capitaine.

Sauf que rien n'est impossible, toutes ces aventures sont absolument impossibles, c'est ce que disaient aussi ceux qui étaient dans la ville.

Il y a diverses hypothèses, ou bien la ville était

la seule ville mouvante du globe terrestre, alors elle labourait devant elle, direction nord sud, ou direction N. N.-E., ou noroît, ou selon toute autre direction, et tout ce qui était devant elle, elle le varlopait majestueusement, le rejetant sur le côté, tout, débris de maisons, forêts de hêtres, rivières dangereuses (ces rivières allaient miner bientôt les fondements de la ville).

Il pouvait se faire qu'on rencontrât une ville bâtie sur un bloc de quelques kilomètres cubes de basalte, et alors ?

Alors… on serait bien écrasé.

Si on suivait la parallèle on avait des océans à traverser. Si on suivait le méridien la question des vêtements serait naturellement fort ennuyeuse. Est-ce que d'autres villes allant de leur côté, on ne se retrouverait pas à certain moment coincé. Certaines personnes ont réfléchi que, à dire le vrai, le glissement continu de toute l'écorce terrestre par bandes ou morceaux était possible (si le noyau terrestre est composé de gaz ou d'un corps non solide) pourvu seulement que les parties fussent à glissement doux entre elles, car… car… On sait ce qu'en vaut l'aune de ces discours.

Au point de vue moral, un séjour que ferait Paris au milieu des peuplades de l'Afrique septentrionale ne serait pas fâcheux.

Des morceaux de terre de partout se trouvent réunis ainsi, mais, au moment où leurs habitants commencent à faire connaissance, hop ! c'est le départ. Et l'on va, la terre entière en morceaux, comme des glaçons, chacun se criant vite : «Rappelez-vous, quatrième rue à droite, après la mairie demandez Mr… », ou «Third avenue n° 487 City Bank », ou «la cabane noire dans le bois de frênes de la colline Sixtine », se jetant à la hâte un objet pour le souvenir.

Toutes les villes ne circulent pas à la même hauteur. Certaines passaient sur un rocher du charbon le plus noir et le plus éclatant à 1 200 mètres de haut, et le soleil ne luisait que pour elles. C'était parfois des villes très petites, avec orgueil elles avaient gravé en creux sur leurs parois : « Ici Ch... town, du district de... », parfois y pendait encore quelque énorme échafaudage, ou seulement une corde.

D'autres villes étaient presque bord à bord, et à des hauteurs équivalentes, telles, qu'on pouvait passer de l'une à l'autre. On craignait des hordes. Les villes à fondements bas avaient toujours peur.

Ce qui était le plus gênant, comment n'y avait-on pas songé tout de suite, c'était l'eau, l'eau coule, hélas ! On ne peut pas comprendre cela, sentir cela, il faut avoir vécu pendant un an dans une ville mouvante. Certaines villes détenaient la source des rivières, d'autres le milieu, d'autres seulement l'embouchure. Heureuses les villes intelligentes qui avaient tout de suite creusé des lacs, songé à capter les eaux, à faire établir des barrages, sans quoi (on pouvait faire le calcul) en trente-deux heures plus une goutte d'eau.

Moi, je déposai un projet tendant à amarrer des blocs de contrées fertiles, on eut beaucoup de peine à me prouver que c'était absolument ridicule.

Des petites villes hautes, à grands réservoirs d'eau, menaçaient des villes plus basses, demandaient des rançons : 200 000 sacs de farine, commandaient-elles, en montrant les barrages, sans quoi nous laissons couler, et ce qu'elles montraient, et le paquet qui allait tomber, c'était la Garonne, ou l'Escaut, ou le fleuve Rouge, ou le Mississippi.

Enfin, il n'y avait pas que des villes entières. Il y avait des morceaux de villes, des villes en deux morceaux, souvent parfois des villes en plusieurs morceaux, un morceau cherchant l'autre dans la terre mouvante, les pères de famille constamment dans les hauts bâtiments à gémir derrière leurs lorgnettes.

Être interprète était la profession la plus honorée. Rencontrer des peuplades de l'Asie ou de l'Afrique, et qu'un homme parmi vous du Wisconsin ou du Connecticut leur sache demander toutes sortes de renseignements, tels que : d'où soufflait le vent, tel ou tel jour, ce qu'ils ont rencontré, les divers climats par où ils ont passé, ce que prédisent leurs dieux ! On poussait les interprètes au promontoire le plus avancé, et on leur disait : « Allez, parlez ! » Et il leur fallait, en l'espace de quelques instants se faire un dossier : sur le chiffre de la population, l'étendue en kilomètres, ou en verstes, ou en yards, ou en..., ou en..., il leur fallait faire de mémoire des traductions de poids, de mesures, de tel ou tel système métrique, des températures évaluées en fahrenheit. Et si les interprètes ne pouvaient satisfaire, bégayaient, cherchaient leurs déclinaisons, on les jetait par-dessus bord.

Pourtant chaque jour, il y avait de plus en plus d'interprètes, mais chaque jour aussi de plus en plus de cris tels que : « À mort l'interprète X... ou Y... il nous a trahis. »

À bord, ni tangage ni roulis, seulement certaines villes penchaient terriblement, présentaient une forte bande sur bâbord ou sur tribord. On montait chez soi comme on escalade une aiguille (ou comme on tombe dans un puits).

Il y eut des vents permanents depuis les premiers jours, des vents violents, des vents de gel et des vents brûlants. On avait affaire tout d'un coup à quelque tornade, à quelque simoun égaré, ou à quelque autre vent bien connu. Mais au bout de quelques jours, ces vents trop disloqués n'étaient plus qu'infimes et plaisants. On ne savait jamais s'il ferait chaud ou humide, ou froid ou sec. Des rizières brusquement se trouvaient exposées à un froid tel que pas un if, pas un lichen polaire n'y aurait résisté. Ce n'était plus des rhumatismes ou des rhumes qui venaient à la consultation, mais des malarias, des fièvres jaunes, des choléras asiatiques, au sujet de quoi les médecins restaient tapis des nuits entières dans la Grande encyclopédie médicale.

Enfin, il n'y avait pas seulement des morceaux de villes, mais aussi des morceaux de mers, ou plutôt comme ces morceaux-là s'étaient immédiatement vidés de leurs 2 000 ou de leurs 600 mètres d'eau, ils offraient un espace absolument désertique. Singulière instruction ! On les montrait aux enfants ces contrées nues, étincelantes, sablonneuses ou calcaires, avec des algues desséchées, avec du bronze, des dépouilles d'autres âges, et surtout une immense putréfaction, et on leur disait : « C'est la mer. » Mais les enfants cherchaient des vagues dans le dictionnaire.

Il y eut des savants pour s'y jeter, avec leur besace, pour des recherches archéologiques, mais pas même leur chien ne les y voulut suivre.

Les oiseaux volaient d'une ville à l'autre, paraissant s'être faits le plus rapidement au nouvel état de choses. Tel oiseau signifiait tel pays. C'est d'après eux qu'on calculait l'arrivée d'une autre ville mouvante, les changements de saison, de vents, de climat.

V. PRÉDICATION

Allez-vous-en, les cochons.

Un égout ne s'enrichirait pas dans un salon ; chaque être doit rester dans sa bulle et la bulle reste dans le pays des bulles ; et de celles qui n'y restent pas, il sera médit à juste titre.

Il n'y a que les mouches pour se reposer sur une toupie tournante ; il y faut plus que de l'habitude, croyez-moi.

Ne restez pas à jouer aux osselets avec la dépouille vertébrale de votre père.

Sait-on d'ailleurs jamais quand un homme est mort ?

Un cheval qui perdrait ses principes mourrait sur-le-champ, mais Dieu veille sur lui et l'appelle par son prénom.

Celui qui bêche son champ, qu'en août il récolte, fait bien, fort bien... continue mon ami ; mais celui qui bêche dans les nuages, il faut aussi l'encourager ; car il fera en son temps des récoltes de nuages, et c'est plein de plaisir quand on s'y retrouve.

C'est le soir qu'il faut débarbouiller son Dieu, si l'on veut bien dormir.

Un Dieu de premier ordre doit macérer plusieurs siècles longtemps. Au début surtout qu'on y veille bien.

On observe rarement qu'un pet ternisse un miroir. C'est qu'il y a si peu d'observateurs ici-bas. Il faudra encore quelques siècles de Science avant que les gens naissent consciencieux.

Celui qui réfléchit dans la nuit noire de son crâne doit avoir beaucoup de patience. On reste des années à une poursuite et puis tout d'un coup... Avant hier, j'y ai coincé Dieu.

Ne pleure pas, il y a toujours bien un hublot ouvert sur un des quatre points cardinaux du monde.

Celui qui s'échardonne ne manque jamais de travail; mais s'arracher l'œil est une autre affaire : celui qui fait ça il lui en cuira.

Les chiens bien nés se reconnaissent au derrière. C'est une science entre chiens. Il n'est pas question de l'homme ici qui trouvera plus vite un appareil de locomotion pour le conduire jusqu'à une planète. On en a terriblement besoin d'ailleurs, la Chine et le Pôle étant depuis longtemps rincés de leur exotisme.

Je ne suis pas mégalomane : je suis l'empereur de la planète Saturne.

Celui qui pisse sur son Dieu... soit... soit, mais... il pourrait se repentir. Je ne le condamne pas ; on peut se battre à coups de dieux, on peut vendre son Dieu contre le panorama sacrilège d'un sexe de femme, ou contre un coquillage ; mais il faut toujours avoir du divin en réserve.

Quand un homme s'est mis en alexandrins il a beaucoup de peine à rentrer dans le civil.

Ah ! autrui ! le besoin d'autrui ! un homme ne peut se dépecer lui-même jusqu'au bout. Pour le dernier sang il est bon qu'il ait quelqu'ami pour l'aider.

N'en ayez pas plein la bouche de la grandeur. Le génie a ses moisissures et la Terre serait trop petite pour douze continents.

Certaines personnes ne sont jamais prêtes à se reposer. Elles ont encore à déterrer leur chaise pour s'asseoir.

VI. PRINCIPES D'ENFANT

En Afrique, les chameaux sont bousculés par les éléphants et les vieux hippopotames.

Les gendarmes à cheval les plus fiers ne sont quand même jamais revenus, rapportant le soleil captif.

Les tigres myopes ne font plus que de petits bonds.

Les Indiens chauves ne se vengent plus.

Dans le Mayumbé, tout à coup les alligators toussent, sortent du lit du fleuve, et mangent les joueurs de dés, distraits.

La nuit, les étangs se lèvent et disent : « Nous ne sommes plus morts. » Ils se lèvent, rassemblent l'eau autour d'eux par paquets. Leur trou est immense, eux partis, qui s'en vont roulant et toboggannant sur les routes, hauts comme des cathédrales et penchés comme des barriques.

D'abord limpides, bientôt, ils jaunissent, brunissent ou noircissent selon que c'est de fourmis jaunes, brunes ou noires, qu'ils se sont couverts en chemin. À cause de quoi (à cause de ce poids) ils s'affaiblissent ; alors ils se concertent et disent : « Hum, remettons notre départ pour tout de bon à demain, oui à demain », et ils reviennent, plus lentement qu'à l'aller, ils reviennent à leur trou en froissant les roseaux.

C'est là qu'on les retrouve chaque matin, après déjeuner. Mais... voilà... s'il y a des canards sur l'étang, comment tout cela se passe-t-il ?

Les poules ne pondent pas d'œufs. Personne n'en pond ; elles les déterrent.

Les méchants éléphants n'ont plus le droit de porter la trompe.

Les clowns n'ont pas de père ; aucun clown n'a de père ; cela ne serait pas possible.

Un tube de papillons ne pèse rien, à moins que les papillons ne soient endormis ; père dit qu'ils pèsent un kilo, mais il ne regarde jamais les papillons.

VII. ADIEU À UNE VILLE
ET À UNE FEMME

À Mlle M. S.

Je vais donc te quitter Purkey et ton odeur d'huîtres
par quoi je compte bien te recréer à l'avenir.
Et toi aussi je vais te quitter, toi dont je ne dirai pas le
    nom.
et dont je ne sais quasi rien,
quoique je sois souvent passé si près de toi,
que je croyais que ma vie pourrait s'arrêter là.
Mais toi tu me regardais de tes yeux vifs et larges et
    trop puissants,
tu me regardais comme on regarde un homme maigre.
J'aurais bien voulu t'accompagner à messe aujour-
    d'hui,
et j'aurais vu dans ce que tu crois l'église de Dieu,
j'aurais vu à tes yeux s'il était possible que tu fusses
    contentée.
Malheur à l'homme qui est trouvé trop maigre,
et tout ce qu'il devine de mauvais,
ce n'est pas cela vraiment qui le grossira.

Horizon large de marais paisibles
où les canards aussi se tiennent à grande distance

pourvu que je puisse te porter intact entre les quatre
　　murs de ma chambre
et te mettre sur la cheminée où il n'y a encore rien.

— Je ne sais rien de toi, que ton accent et ton origine
　　uruguayenne
mais grâce à toi, tout ceci est devenu si uruguayen
　　pour moi
l'horizon tout entier, les nuages qui n'y possèdent pas
　　de nom
et les barques au jusant, et leur abréviation « Pur » à la
　　proue
et les goélands qui ne dirent pas le contraire.
Hélas, je n'en peux plus
et ta seule façon de rouler les *r* me fait bien voir que
　　toujours nous serons éloignés.
Je m'en irai donc une fois de plus, comme on m'a tou-
　　jours vu
d'un œil regardant mon désir et l'autre obliquement
　　posé sur ma valise,
qui sera prête en un tournemain.
Je ne veux pas faire mention de mon cœur
Mais mon médecin sait bien que ce serait vrai ce que
　　j'en dirais, et que le laitage me sera bien nécessaire
　　et les voyages pendant longtemps.
Tu m'as dit, en riant, et tout en me tirant les cartes
　　que « c'était une blonde ».
Tu connais mal la multiplication singulière que j'ap-
　　porte dans mes amours,
moi qui lèche les cils au-dessus de tous les regards ;
apercevant une voile à l'horizon,
incertain même si ce n'est pas un courant plus blan-
　　châtre de l'onde
à cause d'un fond de sable ou de coquillage clair,

je m'y installe à tout hasard à l'arrière près d'une
  femme
et nous partons.

Purkey, 1925.

VIII. L'ÉPOQUE
DES ILLUMINÉS

Quand le crayon qui est un faux frère ne sera plus un faux frère.

Quand le plus pauvre en aura plein la bouche, d'éclats et de vérité.

Quand les autos seront enterrées pour toujours sur les bords de la route.

Quand ce qui est incroyable sera regardé comme une vérité de l'ordre de « 2 et 2 font 4 ».

Quand les animaux feront taire les hommes par leur jacasserie mieux comprise et inégalable.

Quand l'imprimerie et ses succédanés ne seront plus qu'une drôlerie d'aspect, comme la quenouille ou la monnaie d'Auguste empereur.

Quand aura passé la grande éponge, eh ! bien, sans doute que je n'y serai plus, c'est pourquoi j'y prends plaisir maintenant et si j'arrête cette énumération, vous pouvez la continuer.

Il ne faut pas se mettre en bras de chemise pour rompre une allumette, et le poteau indicateur reste dans son rôle en ne faisant jamais la route lui-même, et la vie est précieuse à qui en a déjà perdu 26 ans, et les cheveux tombent rapidement d'une tête qui s'obstine, et les pleurs ne viennent jamais que le travail une fois fini, et les genres littéraires sont des ennemis qui ne vous ratent pas, si vous les avez ratés vous au premier coup.

Il faut toujours être en défiance, Messieurs, toujours et pressés d'en finir, le jurer et remettre son serment en chantier tous les jours, ne pas se permettre un coup de respiration pour le plaisir, utiliser tous ses battements de cœur à ce qu'on fait, car celui qui a battu pour sa diversion mettra le désordre dans les milliers qui suivront.

Oh ! le Passé on en fait son affaire, c'est l'avenir qui est mon tuyau crevé.

Avez-vous remarqué que ceux qui sont préoccupés de l'avenir sont presque tous des révolutionnaires ? L'avenir est une bouche tellement formidable qu'on ne peut pas imaginer que le Passé y entre comme ça, en pénard — Non tout doit changer — Sans doute il y a deux avenirs : l'un qui n'apporte rien : c'est une simple allonge, et il entre tout de suite dans le Passé dont il était le bout du manche ; mais de temps à autre vient tout de même cet avenir tant attendu, le vrai. Il va arriver et il abolira bien des choses, je pense, il cassera aussi quelques pseudo-révolutionnaires qui n'avaient pas pris mesure de la taille qu'il fallait. Pas besoin de ces gamins aboyeurs, mais une ou deux idées essentielles et tout le reste retournable, et quelque chose comme boyaux et glandes pour diriger et évacuer. Les poisons seront distribués dans les rues. Les avaler tout de suite pour montrer qu'on est neufs. C'est là qu'on verra les gens solides du coffre, j'en attends quelques-uns à ce tournant où ils seront bien étonnés en voyant que c'est eux que je regarde.

La vie est courte, mes petits agneaux.

Elle est encore beaucoup trop longue, mes petits agneaux.

Vous en serez embarrassés, mes très petits.
On vous en débarrassera, mes si petits.
On n'est pas tous nés pour être prophètes
Mais beaucoup sont nés pour être tondus.
On n'est pas tous nés pour ouvrir les fenêtres
Mais beaucoup sont nés pour être asphyxiés.
On n'est pas tous nés pour voir clair
Mais beaucoup pour être salariés.
On n'est pas tous nés pour être civils
Mais beaucoup sont nés pour avoir les épaules rentrées. Et cetera, celui qui ne sait pas sa catégorie la verra bien dans l'avenir — il y entrera comme un poisson dans l'eau. Il n'y aura pas vingt choix. Et on ne sortira ni ses cartes de visite, ni sa boîte à titres. On se rangera avec célérité dans son groupe qui piétine d'impatience.

Malheur à celui qui se décidera trop tard.
Malheur à celui qui voudra prévenir sa femme.
Malheur à celui qui ira aux provisions.

Il faudra être équipé à la minute, être rempli aussitôt de sang frais, prendre sa besace sur la route et ne pas saigner des pieds.

Il y aura des agences de renseignements, d'explications, de bavardages. Vous marcherez, les oreilles bouchées sauf à votre fin qui est d'aller et d'aller et vous ne le regretterez pas — je parle pour celui qui ira le plus loin et c'est toujours la corde raide, de plus en plus fine, plus fine, plus fine. Qui se retourne se casse les os et tombe dans le Passé. Celui qui regretterait, s'il n'avait pas marché, aurait regretté bien davantage; l'explication de cela vous passe.

Pauvres gens, ceux qui seront arrêtés par les tournants, pauvres gens, et il y en aura — des pauvres gens et des tournants.

Ils étaient pauvres gens en naissant, furent pauvres gens en mourant, sont à la merci d'un tournant.

Il ne faudra pas crier non plus, la mêlée sera déjà assez intense. On ne se reconnaîtra pas, c'est pourquoi encore il faudra être pressé d'en sortir et d'aller de l'avant.

Malheur à ceux qui s'occuperont à couper des cheveux en quatre, c'est rarement bon, c'est profondément à déconseiller dans les bagarres.

Malheur à ceux qui s'attarderont à quatre pour une belote, ou à deux pour la mielleuse jouissance d'amour qui les fatiguera plus vite que les autres.

Malheur, malheur !

Ce sera atroce pour les gens qui s'apercevront qu'ils auraient dû suivre une cure.

Ce sera atroce pour ceux qui s'apercevront qu'ils auraient dû se tenir le cœur en état

et c'est trop tard.

Pour ceux qui aiment voir souffrir, il y aura du spectacle, allez, mais l'époque ne sera pas aux voyeurs, plutôt aux accélérés, aux sans famille, à ceux qui n'auront aucune technique, mais un imperturbable appétit.

Quant à vous, les illuminés, représentez-vous que cela ne durera pas toujours, un illuminé n'en prend pas son saoul à chaque époque — celle-là sera la bonne — on vous caressera le ventre — on vous portera comme des merveilles. Vous les aurez.

Enfin ! enfin !

Mais que cela finisse vite. Je le dis pour votre bien, un illuminé ne peut durer longtemps. Un illuminé se mange lui-même la moelle — et la satisfaction n'est pas votre affaire. Vous verrez d'ailleurs comme ça finira. Les sons rentreront dans l'orgue après le service et l'avenir s'invaginera dans le Passé comme il a toujours fait.

IX. POÈMES

GLU ET GLI

et glo
et glu
et déglutit sa bru
gli et glo
et déglutit son pied
glu et gli
et s'englugliglolera

les glous glous
les sales rats
tape dans le tas !
il n'y a que le premier pas !
il n'y a que ça !
dans le tas !

le rire est dans ma...
un pleur est dans mon...
et le mal Dieu sait où
on en est tous là
vous êtes l'ordure de la terre

si l'ordure vient à se salir
qu'est-ce qui adviendra
il adviendra ce qui adviendra
l'ordure n'est pas faite pour la démonstration
un homme qui n'aurait que son pet pour s'exprimer...
pas de rire
pas d'ordure
pas de turlururu
et pas se relire surtout Messieurs les écrivains
Ah ! que je te hais Boileau
Boiteux, Boignetière, Boiloux, Boigermain,
Boirops, Boitel, Boivéry,
Boicamille, Boit de travers
Bois ça

Il n'y a pas de *pas* qui tienne
ni de papou
les papous seront traités comme des papous
comme des papous ni plus ni moins
les papas seront traités comme les autres
comme les autres ni plus ni moins
et les papes seront traités comme un mystère.
Quant au papier c'est un être très plat et important
et il en sera parlé en temps et lieu ;
malheur au papier qui reste couché sous la plume
et qui est amoureux de l'encre
malheur au papier qui dit comme son maître
si toutefois il y a un malheur possible pour cette pâte
    de vieux chiffons
Oh ! papier, qui a pu croire que tu serais éternel
la pensée de l'homme est plus libre que l'escargot de
    sa traduction
l'homme seulement attend, il attend

il y a des siècles qu'il attend perdu dans des taillis de
    signes
s'affairant à de nouveaux alphabets
à des roues de toutes dimensions
lui-même restant inchangé, inamovible
sa pleurnichaillerie éternellement entée sur lui
et sur tous les enfants qui sortent du ventre des
    femmes
humides, malmenés, avec déjà un désir fou de s'expri-
    mer ;

mais à un autre la parole
« je suis de la famille de l'accusé »
Oui ! je te suis bien pareil, papier,
toi et moi dominés et salis, victimes de notre éternelle
    anémie
un rien a passé, un rien, et cela marque sur nous
il n'est pas bon pour moi qu'on sache combien j'ai été
    sali
il n'y a pas un corridor où je n'ai été sali
tous, tout et toujours, et mes propres muscles tournés
    contre moi
et dans ma peau, en moi-même, aussi,
d'immenses nappes de silence et d'hostilité.

TOUJOURS SON « MOI »

Aujourd'hui, je proclame dur et sec que je suis comme
    ceci. Fixe là-dessus !
déclarant que je maintiendrai serré sur cette affirma-
    tion

et puis… arrive demain… a tourné le vent, ne revien-
   dra plus
il ne s'agit pas ni d'être ni de ne pas être
il s'agit du *de ce que*
mais bon Dieu ! qu'on me donne donc un substantif
un maître qualificatif où je puisse me coller à jamais
mais halte-là !

pas de matraque sur mes antennes
mauvais chien se mord soi-même
paix à ma cabale

je m'affaire dans mes branchages
je me tue dans ma rage
je m'éparpille à chaque pas
je me jette dans mes pieds
je m'engloutis dans ma salive
je me damne dans mon jugement
je me pleure
je me dis : c'est bien fait !
je me hurle au secours
je me refuse l'absolution
je reprends mes supplications
je me refuse toute révision
c'est mérité
et puis au diable, au diable
et grande fuite et crevaison dans le bénitier

foutu
maboule
matraque
ma trêve
il n'y aura donc pas un bras
pas un plancher pas une réponse pas une chandelle

(cependant ce fleuve qui coule de mon cœur gauche,
    immense langueur dans mon tracas)
vainement arc-bouté sur mes pieds de laine
enfoui et fuyant
fortune femme flamme
m'affole s'affole

affolement ne fait pas le compte
affolement n'est pas réponse
qu'on me le mette au pied du mur
sous la menace de la carabine
qu'il se trouve enfin pour de bon et s'exprime
cet être de gaz et de mystification
avec son « moi, moi, moi » toujours et tout gros dans
    la bouche ;
on voudrait tant penser à autre chose

et vous autres aussi, allez, passez votre chemin
Monsieur est absent
Monsieur est toujours absent
adieu je vous prie, il n'y a ici qu'empreintes

je fais pour mes écorchures la réclame qu'il faut
mais ce n'est tout de même pas si béant que ça.

... ET ON FAIT DES ENFANTS

Un chien qu'on entretiendrait de l'immortalité de
    l'âme,
un peu, beaucoup, passionnément...
surtout très peu cette couleur est faite pour son nez.

Donnez à fumer, puis seulement à réfléchir
Mais toujours donnez, donnez,
la tête de l'écho est au fond,
je ne mets qu'un radis sur l'espoir,
et l'avenir sur ma haine,
L'épicier et l'outrance, l'aveugle et le miroir
tous et tout mêlés, la rumination avec les réflexes,
surtout le mystère, un massif avec ses monts
et ses crêtes dans un encrier.
Hasard, autre histoire
promesse faite à la paralysie.
Comment vous aussi ?
Parbleu. Pas encore né que son père le battait
tenez plus près de nous, la veille de sa naissance
puis vient l'anecdote
puis, quelques dates, l'agrément
se laver avant la succion
aboyer quand c'est fini
rejeter la faute sur le penchant
le penchant sur l'origine
et l'origine sur les âges en allés,
on les connaît les mauvais pères
une clef, de l'ombre
des draps de lit froissés
et dans la famille un nouveau misérable
si c'est une fille, gagner sa croûte avec sa moelle
un garçon ? qu'il fasse comme les autres
le vol à la tire nourrit bien les bœufs.

VIE PRATIQUE

La plus rentrante dit à l'autre :
Mettons le reste à part et la pluie tombera
hirsute ici, hirsute là, tous au balcon
le jeu de l'oie pour tout à l'heure
et l'avenir droit devant soi
Ah ! Ah ! c'est vous les intéressés ?
et la plus rentrante dit encore qu'elle a raison
et c'est ainsi qu'on embarque les tuiles
sans demander rien à personne et qu'il y en a beau-
    coup de cassées.
Il n'en saurait être autrement car l'habitude est une
    chose et la drôlerie une autre.
Celui qui donne raison au vin, ne donne pas raison à
    l'eau
il ne faut pas mettre des tapis sur l'embarcation desti-
    née à prendre la mer prochainement, ni souhaiter
    bonne route à qui a les jambes cassées.
Ce qu'on perd en justice, on le gagne en à-propos
et c'est toujours ainsi qu'on est le mieux rasé sans
    trop attendre.

BÉNÉDICTION !

ceux qui donnent le ton
en rond
ça pond

ça roule, ça va, ça fond
et ça se refait

d'autres qui vivent et meurent dans l'échafaudage
ignorants, ballottants et gauches comme des nations
à quatre-vingt-dix ans qui attendent encore leur por-
    tion
les yeux toujours ouverts et nuls comme des poissons
bons depuis toujours aussi pour la glissade ou la cre-
    vaison
il s'en est fallu mille fois de bien peu que cela finisse
    comme cela, comme va finir maintenant, pour tout
    de bon
qu'il n'en sera plus jamais question
amen, amen, amen, sur tous les morts bénédiction
les commotionnés, les engrouillés dans les hangars
    des catastrophes
les noyés sur leurs échelles qui remontent lentement
    vers la surface
sans autre raison ni explication
que l'acquis et l'habitude
qui subsistent au-dessus de vous
et avec le reste, on ne sait comment, font le pont
sur toute la camelote bénédiction
insignifiants comme des jetons
esclaves comme des bâtons
pour tout dire « on »
ceux à qui il manque tout pour être rond
et non moins pour être droit, bénédiction
bénédiction, bénédiction
bénédiction, puisqu'ils sont quand même morts et
    que l'ennemi est ailleurs

HAINE

quoi ?
rien
je suis entouré de feux qui ne brûlent pas
et puis haine !
haine !
failli du bras peut-être mais haine !
je vous aurai bien un jour, gens d'aujourd'hui, ânes et
    buveurs de sang
je suis copain des pierres qui tombent et des inonda-
    tions
et de la mer incessamment ouverte et qui ne demande
    qu'à noyer
je vous déteste tous,
ceux qui se tapent sur le ventre entre eux disant : le
    premier au deuxième : tu as raison
le deuxième au troisième : tu as raison
et tous les autres entre eux : tu as raison
révolutionnaires en brigades et comités
ou gens assis, actionnaires de la vieillesse de l'intermi-
    nable et du cafard
vous tous qui ne m'avez pas donné mon compte de
    viande
haine !

ah ! quel métier !
exercer dans les mots
des mots courts des mots à longue articulation
des mots qui finissent en pan, d'autres en one
des phrases qui comportent des verbes
ne pas oublier les verbes

donner de la couleur aux verbes
allez-y
on s'amuse
on se dorlote avec des rôts

combien de fois j'ai regardé la Grande Tasse
me disant « ce sera pour ce soir »
eh oui, et le soir j'étais toujours sur le rivage et j'écri-
    vais
ah ! quel métier

CAILLOU COURANT

caillou courant qui va sur la route
concassant concassé
jusqu'au concassage au-delà duquel il n'y a plus que
matière à micrométrie

et marque narque
nerfs sautés
comme une couverture de barbelés
en jet dans la faconde où tout bombe et tout tombe
marque boise et mal éteint mal poli
la finasserie d'accord avec la bondieuserie et le com-
    merce de tripes de ficelle et d'huile lourde
plus outre la cabale
les soutanes les pédales et ces nez pâles qui font la
    foule des hurleurs

foin de tout
ma partie de reins dit « sang » à ma partie haute

et rue à tout ce qui n'est pas injures et viande fraîche
ce n'est pas en semant qu'on devient forgeron
et puis mort aux éponges
on a besoin d'affirmations

MORT

les dortoirs de sémaphores
les « tout à coup » s'éveillent
la pleutrerie entre deux vagues liquides
et un dernier salut à l'hostellerie du monde

COLLECTION

lac occulte
des phoques anhydres
des fesses de mica
le confessionnal plombé
des vierges trempées dans des draps de lit
un aigle loué pour la saison
une pie nettoyeuse de pavés
les lézards ensevelis dans un éclat sans borne
la vermine qui abonde dans le sens du noir d'ivoire
la morve fidèle au nez
l'asthme qui vit dans les cages d'escaliers
araignée, sale petite femme dans ton assiette de corde
les os pilés sont à refaire
la baignoire de la Reine s'offrait au plus offrant

dehors la poule au pot et maintenant laissez entrer
  mes gens

LE GRAND COMBAT

À R. M. Hermant[1].

Il l'emparouille et l'endosque contre terre;
Il le rague et le roupète jusqu'à son drâle;
Il le pratèle et le libucque et lui barufle les ouillais;
Il le tocarde et le marmine,
Le manage rape à ri et ripe à ra.
Enfin il l'écorcobalisse.
L'autre hésite, s'espudrine, se défaisse, se torse et se
  ruine.
C'en sera bientôt fini de lui;
Il se reprise et s'emmargine... mais en vain
Le cerceau tombe qui a tant roulé.
Abrah! Abrah! Abrah!
Le pied a failli!
Le bras a cassé!
Le sang a coulé!
Fouille, fouille, fouille,
Dans la marmite de son ventre est un grand secret
Mégères alentour qui pleurez dans vos mouchoirs;
On s'étonne, on s'étonne, on s'étonne
Et vous regarde
On cherche aussi, nous autres, le Grand Secret.

EXAMINATEUR — MIDI

Que reste-t-il de la plus large porte quand elle a été fermée et qu'on a dit : boutonnons-nous, c'est tout boutonné, et puis au suivant, qu'il vienne sans peur, on sait ce que c'est que la vie, on a aussi de la salive dans la bouche, et un cœur qui tape comme un autre ; on n'attend plus que vous... Puis on quitte son siège, on prend l'escalier, on est dans la rue en potage avec les passants, les marronniers, les fiacres, les chiens aventuriers et l'immensité de ceux qui portent le désir devant eux et une grande incertitude sur ce qui arrivera malgré la montre au poignet et dans la poche un agenda tenu à jour comme on dit quoique bien des heures y soient passées sous silence où, parc ouvert, on sommeille, les oreilles écouteuses de l'intérieur, l'Intérieur, sous-jacent au plus fin bruissement des veines, dans une houle plus emportée que tout ce qu'on sait de l'extérieur où au vrai, on demeure fort tranquille, préservé par les vêtements, l'attention aux fenêtres, la discipline, unis à une mauvaise foi évidente à l'égard de tout ce qui n'est pas droit et mortier de convention.

SAOULS

Magrabote, mornemille et casaquin
fortu mon père, forsi ma mère
nous allâmes à trois giler dans la rigole

rigolants à la rigole de tout ce qui rigole
magrapon et loupedieu
indifférents désormais à toutes questions d'épingles,
de ristourne sur les petits pois et autres menus
menus de menus riens,
perdus et contents sur un plateau de 400 000 mètres
dans toutes les dimensions, à toutefois près la hau-
teur, qui est moins considérable dans l'ensemble.

CONTE DU DIT

Rapistache dit à ma mère : « Votre époux est ce que je
pense ;
je ne m'en dédirai pas un pignouf sur le ventre »
« Cocodrille ! on t'aura. »
Quatre à quatre, c'est la poursuite.
Mais avant et auparavant je fais serment triple.
Tu seras pendu,
d'abord sur mon premier, que vous saurez plus tard.
ensuite sur mon deuxième que je réserve
et tertio, après tout c'est mon affaire, se disputer est
assez mon genre pour que je n'ai pas à m'expliquer
plus outre. Je m'en tiendrai strictement à ce que je
pense.
— Monsieur, Monsieur, Monsieur, il n'est plus pos-
sible de déborder le canot
bougre de bougre, c'était un courant qui nous appuyait
contre le cargo.

TRADUCTION

Je me blague et me siroule
Dans le fond je me déruse
Rien ne tient bon ; j'ai beau regarder
Ça s'erfule et se range
Clermont sonne et Ferrand répond
Sottes rues satisfaites, ça promet
Mais, que s'isolent les envieux et les torbus itou
Laisse donc pérousser les aigres maigres
Pour moi je retourne à l'eau de l'océan. Adieu
J'ai entendu le clacquerin des paquebots, j'embarque
Or, vieille habitude ; j'y suis peu de chose ; mais j'ai
      dans mes doigts la façon de douze nœuds de mate-
      lots et faire bâbord tribord sur mes jambes, j'aime
      ça.
Par très mauvais temps je m'agrippe au grand pelé,
      l'oreille contre, ça fait toutes sortes de bruits ; entre
      deux rafales je regarde venir les houlons crêtés de
      sabrouse
et puis parfois cette grosse eau se fait si calme et
      comme agonisante, on se sent profondément heu-
      reux
à peine si elle se craquelle de quelques rides et plis,
comme ce qui tient et broquetille sous l'œil d'une
      vieille femme.

MARIAGE

Dochenilles, doaesse, doderies
doberies, odournés, doterons et dots à venir.
La fille à marier n'a pas sitôt dit OUI qu'on la pousse
    dans le lit
au lit, ohi, au lit ohi.
La pondera son petit humi
la sentira son petit hihi
la pleurera la victima ah, ah
ah! ah! ah! ah!

X. FILS DE MORNE

Il se produisit un grand changement. Le change-
ment était qu'on était tous très loin, regardant les textes
imprimés un peu comme les regardent les chiens.

Le Roi est pressé, il sort, il sort, et il s'étonne, il
descend dans la rue, il est arrivé aux cales sèches. Ah!
Ah! c'est donc comme cela, mais est-il donc possible
que ce soit comme cela que travaillent les calfats,
qu'ont toujours travaillé les calfats? Il n'y faut donc
pas plus d'ardeur, cela se fait comme on brosse une
capote. Malheur à une ville désabusée, où sont les
femmes en carte qui ont plus de cœur à la besogne. Et
les ferronniers! c'est comme cela qu'on travaille le
fer, et les charcutiers, c'est ainsi qu'on coupe le jam-
bon. Ah! ah! et c'est comme cela qu'on s'attaque au
bois, aux rivets, aux semelles de bottines, aux cour-
roies, à une montre, aux abat-jour, à un tablier de
pont, à l'écorce des chênes-lièges, aux pédales, aux
quatre vitesses d'une auto, à un levier coudé à froid.

Le Roi est descendu dans la rue, et il s'étonne. Son
peuple est changé, et peut être tout le royaume et le
monde. Par quoi, on verra plus tard. Il faut d'abord
s'informer *en quoi*. C'est l'expression qui s'est décol-
lée, décollée de l'homme. Une grande chose que l'ex-

pression ! Comment le boulanger comprendra-t-il qu'on désire acheter son pain ? Le boulanger n'est qu'un homme cité ; une ville est faite de milliers d'autres personnages, il y a de l'expression dans tous ceux-ci.

Des hommes sont directement frappés dans leur métier, tant mieux, je parle pour les écrivains, plus crissants que la craie, enfin disparus. Mais pauvres clowns. Enfin, ils ne sont pas à un métier près, et tout le monde sait que le plus infime des clowns possède une occupation objective, si l'on peut dire, et des qualités acrobatiques qui ont leur utilité. De toutes façons une caisse de secours est à instituer.

Hollywood, cité du cinéma, que tu nous fis rêver, jeune, plus mystérieuse, notre Babylone. Hollywood est en ruines, ce n'est pas que les constructions de bois et de béton aient changé le moins du monde, ce sont les visages de ses habitants qui sont en ruines. Qu'est-ce qu'un traître quand il n'a plus la physionomie du traître, c'est un homme perdu, qu'est-ce qu'une star quand il n'y a plus de jeu de physionomie possible, qu'est-ce qu'une star, c'est une femme perdue, et elle ne vaut pas trois dollars après minuit.

C'est donc cela une ville de muets.

Cela fait encore pas mal de bruit. Je ne suis pas excessivement brute, peut-être un peu voyeur, c'est métier de Roi, je voudrais tant voir un accident, un autobus qui verserait ou plutôt deux, l'un dans l'autre, la vapeur fuse à l'avant, les voyageurs se relèvent tout en sang, mais nets d'émotions, avec une pâleur, une pâleur... Les médecins arrivent enfin devant ces clients rêvés. Chloroforme : des bêtises et de la perte de temps ; mais de quoi trancher ! ma petite scie, de l'asepsie naturellement aussi. Ah ! quel plaisir de tra-

vailler ainsi (tenir quand même le patient qui parfois a
des gestes maladroits).

Supprimée l'expression, qu'arrive-t-il, la parole tou-
jours à part naturellement. On se reconnaît difficile-
ment, car certaines personnes n'ont que leur regard, ce
regard les dote et les marie, leur donne des amis et la
fidélité, invite, convie, est sympathie, réchauffe l'ap-
partement et même les créanciers. Ce regard mainte-
nant de vitre et éternel ! un regard d'ancêtre.

C'est chose grave plus qu'on ne pense, un bœuf ne
se vend pas seulement d'après les quelques centaines
de kilos qu'il pèse, un bœuf, sachez-le, se vend sur sa
physionomie. Il faut veiller, enseigne-t-on, qu'il ait
la physionomie franche. Le bœuf, parfaitement, doit
avoir la physionomie franche. Et maintenant n'a plus
de physionomie du tout le bœuf, ni le bœuf, n'en a
plus, ni le dogue, ni le chat, ni le cheval, ni la chèvre,
ni le lama, ni le canari. Ah ! tout cela est fort drôle.

Rien d'étonnant que chaque ville semble avoir des
antiquités, des monuments d'une autre époque. L'ex-
pression ne se faisant plus, il y a décalage profond
entre la pierre où elle est restée et la physionomie des
êtres vivants d'où elle est absente.

Celui dont le père fut avare, garde à tout moment,
même donnant un billet de 100 francs à un pauvre,
garde sa face avaricieuse. Il est impossible à un maître
d'hôtel d'apprendre si un homme a faim, il tend la
carte à tout hasard, d'ailleurs il est tout aussi incertain
de son pourboire.

Si l'expression ne revient pas aux hommes, jamais,
toutes les villes ont la même antiquité, car l'art de
1910 et de l'expression des arts décoratifs ou l'art de
45 après Jésus-Christ, qu'est-ce si tout doit rester

inchangé, le rococo est à une distance aussi illimitée que l'art khmer.

Enfin l'homme étant incapable d'expression, de la faire, de la produire, de l'extérioriser, on resterait, semble-t-il, capable de la comprendre. Imaginez-vous ces gens qui comprendraient tout ce qui a été écrit avant le 10 août 1928, et puis… rien à faire, plus rien à faire, on bâtonnerait l'humanité, qu'il serait impossible d'obtenir une lettre datée du 11, ou d'un jour quelconque, postérieur au 10. Tout le monde restant prêt à comprendre, l'intelligence parfaitement disponible à tout écrit antérieur, et plus un écrit, plus même un escroc capable de fabriquer un faux. Adieu, alors, civilisation qui nous a tant bousculés. Mais peut-être n'y aurait-il même plus de sensation, plus de colère, plus d'abandon, plus rien ; mais non il ne s'agit pas de tout cela, le changement est celui-ci, et rien de plus : l'expression chez les hommes et chez les animaux est atténuée, c'est, si l'on veut, comme si on s'était intériorisé.

L'expression, hum ! quand un homme vous donne sa main, il suit sa main, là est la véritable expression, son âme entre dans sa main, entre dans la vôtre, parle et fait du bien à tous vos doigts. Peu de gens savent donner la main, il y a presque toujours une réticence, d'autres ont une brusquerie à vous jeter par terre. Il en est de même pour le regard, qui est un organe divin de préhension, où l'œil voit, tourne, s'arrête, le nerf accommodateur se met au point, mais il faut que l'âme aussi se penche sur l'interlocuteur, s'y distribue, avec son picotis, cette ténuité si discrète que des hommes ont vécu sans avoir jamais ressentie, l'ignorant même tout à fait, s'ils ne l'ont pas vue citée dans les livres. Or, le changement présent dans l'expression est que l'âme suit mal son chemin dans le corps, les gestes seuls dépouillés continuent à se produire, mais plus lents, plus rares, l'âme pour les réflexes ne valant pas (de loin) la grenouille.

Évidemment les conséquences sont gênantes et multiples, on peut s'étendre là-dessus, conséquences de ceci et de cela, pour tous les pays en général et tous les individus en particulier. Jamais il n'y a eu autant de changement, et jamais il n'y eut aussi peu de rapports sur les changements. On comprend pourquoi. Le tableau général serait comme ceci, si on pouvait le formuler : rien à signaler chez les hommes, rien à signaler en Asie, rien à signaler à Berlin, rien à signaler chez les éléphants, rien à signaler à Chicago, rien à signaler chez les coléoptères. Il a fallu renoncer à trouver dans les chiens des compagnons, toutefois la plupart des personnes les gardent peut-être parce que plus émouvants de cette façon que s'ils étaient restés chiens expressifs, mais cela ne m'apparaît pas sûr ; vous figurez-vous, dans une réunion de dix-huit personnes muettes, les chiens continuant à s'exprimer avec leur queue et leur lècherie.

Vous pensez bien que dans une civilisation comme la nôtre une catastrophe ne se produit pas comme cela, sans plus. La science, sacrebleu ! Qu'on tue les professeurs, s'ils ne savent pas trouver de remède, allons neurologues, psychanalystes, et tous gens de science indistinctement, professeurs dans vos chaires, astronomes, et chimistes non exceptés, gare à vous. Ai-je déjà dit que tout le monde n'était pas atteint également ? Les moins atteints se vantent, d'autres s'en gardent bien. On ne voyait personne écrire, il y eut pourtant des affiches, et même contre les savants quels

étaient donc les auteurs ? Le Roi n'était pas atteint,
c'est vrai, mais peut-on supposer qu'il se soit mis à
composer des affiches, à les tirer, à les coller aux murs.
Il y avait d'ailleurs plus d'une injustice dans ces pro-
clamations. Les savants travaillaient, et tout le monde,
chacun cherchant de son côté, dans son domaine.
Après six semaines, les chimistes n'inventèrent que
de quoi faire éternuer les gens. Les mécaniciens tra-
vaillaient aussi de leur côté, et les électriciens. Ah ! ce
qu'elle en a pris la deuxième circonvolution gauche !
Un consortium fut créé. On arriva à faire parler (deux
cents épreuves concluantes), mais seulement dans une
sorte de délire. Enfin, mille applications à balbutier, et
cela finit très petitement par un fauteuil. L'inventeur
ne voulut pas livrer son secret, je veux dire multiplier
son emploi. Il fallait que toute l'humanité passât sur
son fauteuil, on devine à quel prix. Puis il fit faire
plusieurs fauteuils, et puis plusieurs centaines, mais
comme les cinq continents devaient s'y asseoir cela
ferait du temps ; un guéri calcula qu'avec telle propor-
tion ascendante on arriverait à guérir l'humanité au
bout de trente-quatre siècles et demi. Il y avait de quoi
être furieux, mais seuls les gens guéris eussent pu l'ex-
primer. Mais il n'eut que le temps de faire fortune, on
trouva de divers côtés des méthodes nouvelles, on tra-
vaillait en série, 2 000 malades à la fois, sur des parcs à
gaz (le gaz affleurant la terre, et les gens mis à plat
ventre) on en soignait de 1 200 à 1 400 en vingt
minutes, cela coûtait quinze francs. Là-dessus l'indus-
trie repartit. Au bout d'un an presque tout le monde
était guéri. Il fallait du reste en rabattre sur l'impor-
tance de la catastrophe. Elle avait épargné bien des
régions, mais il reste une sérieuse anxiété, on est donc à
la merci de plus fort que peste, et guerre. On peut s'at-

tendre à tout. Côté avantages, il en est sorti quelques religions nouvelles et la théorie de Cuchmann, et quelques nouvelles expressions dans chaque langue, telles que : *prendre son tour de fauteuil, avoir encore besoin du fauteuil* (être idiot) *au fauteuil!* (pour éconduire), etc.

Il reste bien quelques personnes pour crier attention! attention! mais attention à quoi ?

Il y a des milliers de personnes sur lesquelles aucun remède n'a agi, les médecins répondent comme un seul homme : «il est normal qu'un sérum n'opère aucune réaction auprès d'un pourcentage de X individus, et de même…; et si le sénateur Y en est maintenant comme avant le fauteuil, sa mère… l'hérédité», d'autres qu'on n'explique pas.

Le gouvernement aurait décidé de supprimer tous ces cadavres (les mornes) témoignages vivants de son incurie! tel style, telle idée, sans doute, mais…

Avec quelle attention on examinait les mornes (c'était le nom des malades), de gros villages avaient encore un ou deux mornes, les villes en ont. *Le morne de la rue Gérando* (on était bien tenu au courant) *encore un nouveau décès; c'est un morne de 19 ans. Est ce que tous les mornes sont condamnés à la mort à brève échéance ? Que fait-on pour nos mornes ?* Et ce cas extraordinaire, la Maladie à deux, quelque chose comme la folie à deux où l'un est véritablement atteint, l'autre partiellement par influence. *Est ce que les mornes vont nous contagionner à nouveau ? Est-ce que la terre sera reprise par la maladie. Les parcs à gaz ne sont pas entretenus.*

Il reste maintenant vingt-trois mornes tout juste en Europe occidentale, l'Angleterre exceptée. Dix ans ont passé depuis le Grand Événement (c'est bizarre tout de même cette mortalité) ; l'un d'eux Jean Chahux.

Ah ! tu l'as enfin ta célébrité, dit son père qui voudrait lui en dire plus long mais qui ne sait si ses propos portent. C'est une vieille rancune. C'est tout juste s'il permet à son fils un quart d'heure de marche par peur du surmenage. Tout péché se paie, dit encore M. Chahux.

Ah ! Ah ! M. Chahux, regardez donc vos énormes veines frontales, et tout ce que cela dit, et votre teint de mal cuit, à telle enseigne qu'il est passé en proverbe dans la famille ce teint de mal cuit. Rappelez-vous aussi les petits « Cointreau », heureusement les journaux sont là et l'on dit. Ah ! oui tout se paie.

On ignorait encore ce point : il y a rechute possible, on peut redevenir morne. Sans doute M. Chahux père est très prudent, prit toujours maintes précautions, toutes précautions sont bonnes à prendre, a-t-il toujours dit, mais l'accident choisit dans celles qu'on oublie, monsieur Chahux. Enfin il a été bousculé, sur les boulevards, et puis c'est arrivé, cela a été net, il n'a même pas eu le temps de dire que c'était la faute de Jean, il était morne, redevenu morne. Oh ! naturellement ce n'est rien, mon chéri, a dit Mme Chahux, c'est l'affaire d'un fauteuil. Ah ! Ah ! ni l'affaire d'un fauteuil, ni de deux, madame Chahux. On crut d'abord l'appareil mal vissé, plus au point... depuis le temps. Un peu de gaz dit encore Mme Chahux. Ni gaz, ni fauteuil, Mme Chahux. C'est fini, fini, et pour longtemps. M. Chahux est morne, M. Chahux ne dira plus : fais attention à ceci, fais attention à cela, fais attention à ta conduite, fais attention au froid, fais attention à tes nuages, fais attention à ta pureté, fais attention aux autres, fais attention à l'avenir, fais attention à ce qui est dit — c'est fini. Et Mme Chahux ayant réfléchi à propos de fauteuil que Jean pourrait très bien accompagner son père, que si cela ne lui faisait pas de bien d'y retourner, cela ne lui ferait pas non plus de mal, et qu'il en sortirait peut être plus éveillé, il y est allé, il en est très bien sorti, tellement qu'il n'en a plus besoin du tout, il est remis, il est comme vous et moi. Lui aussi parle à son père, et dit : « Est-ce que tu ne le fais pas un peu exprès, mon père ? » et se tournant vers sa mère : « Oh ! oui, il est bien excusable ; à son âge on aime se reposer, c'est naturel. »

Conséquence, tous les mornes ont repassé sur le fauteuil, manquait sans doute l'émotion déterminante. Aucun résultat. Mme Chahux dit que son père repasserait dans un mois. Il faut qu'il se calme. Oui, qu'il se calme. On n'imagine pas comment un morne peut être furieux, c'est une affaire secrète entre son foie et lui. La peau change un peu, et de longues transformations s'opèrent sur le panorama des rides. Dans la famille où il y a un morne, on regarde la disposition des rides matin et soir. M. Chahux, c'est votre tour d'être examiné, on vous regarde, on peut enfin vous regarder sans retirer aucune pensée de son regard. Il est dommage qu'il ne se rende pas compte de cette révolution.

M. Chahux vient d'avoir un troisième fils, il l'a eu quand il était morne, il l'était depuis douze mois. Un morne est donc en état d'avoir un enfant, c'est la première fois que le fait est signalé. Il est un peu trop tôt pour conjecturer sur sa deuxième circonvolution gauche frontale, attendons la formation du cerveau et de la myéline. Il n'a pas encore crié cet enfant. Hum ! il y a des enfants qui ne crient pas, s'il est malade il passera sur le fauteuil et tout sera dit. Il a l'air sérieux, défions-nous de cela, les idiots congénitaux ont l'air fort sérieux, un paralytique général ne rit pas toujours à tort et à travers. Le poids de l'enfant à la naissance, l'accroissement de poids, les différents symptômes sont parfaitement réguliers, les gencives bonnes, mais il a l'air sérieux. Des semaines, des mois passent, il a toujours l'air sérieux. Il y a danger à garder cette attitude, je me tue à le répéter ; circulation normale, couleur des urines normale, pouls normal, dentition normale, chevelure normale, mais air sérieux. Allons c'est l'âge de dire « maman », ou « mama ou papa », c'est l'âge et de quatre mois bientôt passé, tu n'y couperas pas, parle ou tu es morne, ou pis encore. Tu peux dire « manou, ranou, nanou », tu as beaucoup de latitude, tout de même un glo de toux et de suffocation par l'obstruction de la trachée artère ne serait pas jugé suffisant. On parie pour, on parie contre. Il n'aurait pas de voix, pas de cordes vocales, on dit... on dit... à raturer tout cela, l'enfant a parlé, et ici commence le roman de Jean-François Chahux.

1924-1927.

En marge de « Qui je fus »

VERSION DE « PRINCIPES D'ENFANT »
PUBLIÉE DANS « LE DISQUE VERT » EN 1925

PRINCIPES D'ENFANT

*On ne peut vivre sans principes. Un cheval qui per-
drait ses principes mourrait sur le coup[1]. Voici
quelques principes d'un enfant.*

1

En Afrique, les chameaux sont bousculés par les
éléphants.

2

Il n'y a pas un clown qui ait un père. Avez-vous
jamais connu le père d'un clown ? Vous voyez bien.

3

Les escargots qui ont perdu leurs cornes deviennent tout à fait bêtes.

4

Si on pouvait faire tenir ensemble « demain » et « aujourd'hui », on rattraperait sûrement « après-demain ».

5

Les arbres morts ne cessent pas de se tenir comme il faut.

6

Les gendarmes les plus fiers ne sont quand même jamais revenus avec le soleil captif.

7

Un poirier qui porte des pommes est un autre arbre.

8

Les poissons qui sautent s'ennuient.

9

Un kilo de papillons ne pèse rien, à moins que les papillons ne soient endormis. Père dit autre chose, mais il ne regarde jamais les papillons.

10

Les poules ne pondent pas d'œuf. Personne ne pond. Il n'y a pas moyen. Elles les déterrent.

11

Les antilopes les plus rêveuses rêvent de caresser la douce poitrine des tigres.

12

Il y a bien longtemps que le soleil a fondu sa poupée, à droite de la lune.

Naturellement personne ne s'en souvient plus.

13

Les fourmis parlent tout bas.

14

En Afrique les paillassons où l'on s'essuie les pieds pour être poli sont des crocodiles morts.

15

Les guêpes viennent juger comment chez nous on fait de la confiture.

16

Le nez, la bouche, les oreilles, les yeux et le menton, s'il y a deux oreilles et deux yeux, 7, ça fait une semaine. Ça fait aussi un peloton de soldats solides (ceux de ma boîte verte) qui combattent glorieusement pour la France, sans perdre leur képi qui doit encore leur servir le lendemain.

17

Les léopards myopes ne font plus que de petits bonds.

18

Les fourmis à queue sortent rarement.

19

Les Indiens chauves ne se vengent plus.

20

La nuit, les étangs se lèvent et disent : « Nous ne sommes plus morts ». Ils se lèvent, rassemblant l'eau autour d'eux comme des plis. Leur trou est immense, eux partis, qui penchés comme des barriques et hauts comme des cathédrales s'en vont roulant et tobogannant sur les routes, où circulaient le jour tant d'autos conduites par des aveugles aux lunettes vertes.

Au petit matin, les étangs d'abord limpides, remuent et ramènent à la surface (ce sont des fourmis qu'ils

emportent), se sentant affaiblis par ce poids, ils disent :
« On partira pour tout de bon demain, oui demain. »
C'est ainsi que le matin ils sont tous revenus à leur
trou, en écartant les roseaux ; mais, s'il y a sur l'étang
des canards, comment tout ça se passe-t-il ?

21

Les poissons meurent les yeux ouverts.

TEXTES ET DESSIN
PUBLIÉS DANS « LA REVUE EUROPÉENNE »
ET DANS « LES CAHIERS DU SUD »
EN 1926 ET 1927
ET NON REPRIS DANS « QUI JE FUS »

LOI DES FANTÔMES

Quand vous sortez de votre corps et faites une sortie en astral, il faut... hum ! il peut arriver ceci. Un autre pendant que vous êtes parti peut se mettre à votre place dans votre corps et vous empêcher de rentrer. Souvent, le voleur se rend compte qu'il colle mal à votre corps ; les poignets sont trop étroits, il flotte dans le bassin, ou c'est la langue qui le gêne ou bien il est affligé de strabisme ou habitué à son corps qui pesait 57 kilos il se trouve dans vos 63 harassé de fatigue avant les 5 heures du soir. Enfin se sentant ridicule ou à cause de vos dettes il s'en va. Il peut aussi y rester quelque temps par dilettantisme pour s'en vanter dans la suite. Peu au courant de son nouvel état, au bout de ces huit jours, il vous aura brouillé avec tous vos amis et votre femme dira publiquement «goujat» en parlant de vous.

Lorsque j'étais enfant, on a dû me changer plusieurs fois. Je m'en apercevais du reste après peu de temps mais ils étaient de connivence, mes parents, et faisaient les gens qui ne savent pas de quoi il s'agit.

— Et vous monsieur Benoît, êtes-vous sûr de n'avoir pas été changé ?

Vous vîntes un jour au bureau avec un si drôle d'accent dunkerquois, et que vous gardez encore, monsieur Benoît.

LA DURÉE DE LA VIE

J'ai pris des notes, des documents. Je l'ai suivi à travers ses réincarnations depuis l'an 1670. Il avait 31 ans, mourait, puis se réincarnait, puis vivait de nouveau 31 ans, puis mourait, puis se réincarnait et ainsi de suite et il doit mourir maintenant en 1929 si je l'ai bien reconnu. Tantôt homme, tantôt femme, religieuse, en 1714 était matelot, tomba à la mer qui était d'huile tandis qu'il peignait le grand mât.

Suicide, mort violente, assassinat, mort naturelle, noyade, toujours à 31 ans. Or, cet esprit on le suit très aisément de réincarnation en réincarnation car il reste dans la région et, qu'il devienne homme ou femme dans sa nouvelle vie, il est reconnaissable à son tic qui est de crisper les doigts violemment comme s'il pinçait quelque chose nerveusement ou cassait des noix.

Quand cette personne approchait de la trentaine, parents et amis rassemblaient autour de lui leurs sourires dans l'espoir d'hériter.

P. S. — Il arriva en 1845 qu'il y eut deux personnes atteintes du tic. On pariait sur l'une et l'autre. Elles moururent dans la même année.

ÉCHO

La Bibliothèque nationale de Paris entre toutes les bibliothèques est la plus importante (3 700 000 volumes).

Le British Museum vient au deuxième rang, puis Saint-Pétersbourg.

Sous Lénine, dans le gâchis, et un plan secret des nombreux sous-sols un peu partout ayant été livré, on découvrit quarante-trois caves de vieux livres.

Jusqu'à quel point sont-elles pleines ?

Saint-Pétersbourg jette dans la presse qu'on verra bientôt les plus beaux vieux ouvrages persans et qui soient, des documents phéniciens, sanscrits, et de l'Atlantide même.

Londres, fourberie ou confiance en soi, compte sur les champignons oomycètes ou myséomycètes, c'est-à-dire sur l'illisibilité des textes moisis.

MAISON HANTÉE

Il faut se méfier des enfants battus. Ils se vengent et battent une maisonnée entière. En apparence, ils sont à méditer. Cependant, dans la bonne direction, ils lancent leur âme par paquets rapides et arrivent à causer de grands dégâts.

Voici une règle pour reconnaître si une maison est hantée par des fantômes de grandes personnes ou par des fantômes d'enfants. Les grandes personnes font des choses méchantes, les enfants font des choses inutiles.

Si des chiens, par exemple, sont plusieurs fois jetés à pile ou face (échine-pattes, pattes-échine) contre le sol, vous pouvez parier à coup sûr que cela vient d'un enfant; un enfant de 10 ans peut retourner ainsi, avec un bruit de serviette mouillée, plus de trois à quatre cents fois un chien de la taille d'un fox-terrier adulte.

Il le peut, et c'est à peine s'il fait un peu de transpiration.

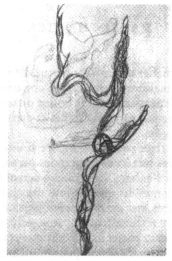

Dessin publié avec « Essoufflement »
(« Toujours son moi »).

NOTES

Page 81.

CAS DE FOLIE CIRCULAIRE

Le Disque vert, septembre 1922.

C'est le premier texte signé Henry Michaux.

Entre 1922 et 1925, l'histoire de Michaux se confond avec celle du *Disque vert* et de son fondateur Franz Hellens, avant qu'à Paris Jean Paulhan ne prenne le relais, grâce à tout ce qu'il anime. On a fait maintes fois la chronique du *Disque vert*, bien qu'il manque encore un travail d'ensemble sur « la meilleure jeune-revue de l'époque ». En 1921, Hellens fonde avec André Salmon le mensuel *Signaux de France et de Belgique*. Une double direction, à Bruxelles et à Paris, est le ressort du projet : alléguer ces deux capitales, rappelées dans chaque numéro, c'est s'inscrire dans un espace européen et international. Il s'agit de « faire signe », d'être « attentif aux signaux » de toute nature, cérébraux, esthétiques, humains, et ainsi d'honorer la devise : « Ouvert à tous, difficile, cependant, à ouvrir. » Après six numéros, la revue disparaît pour faire place, en 1922, au *Disque vert* ; sous la direction de Hellens, le comité comprend, en France, Paulhan et Salmon ; en Belgique, Mélot du Dy, Odilon-Jean Périer, Paul Fierens, Robert Goffin. À la fin de cette même année, la nouvelle revue fusionne avec *La Lanterne sourde*, émanation d'un groupe d'étudiants dirigé par Paul Vanderborght. Celui-ci prend avec Hellens la direction d'*Écrits du Nord*. Les interventions de Michaux dans la revue sont ressenties par Vanderborght comme de la « prose folle », susceptible de faire « injure aux belles-lettres... » ; au point de provoquer une dissension entre les deux directeurs. Hellens reprend donc seul la direction du *Disque vert*, dont l'ancien comité de rédaction s'élargit ; en octobre 1923, Henry Michaux et Camille Goemans[1], en novembre Robert Guiette[2], en décembre Her-

1. Cofondateur du premier groupe surréaliste belge après son passage au *Disque vert*, Camille Goemans (1900-1960) a laissé beaucoup d'inédits réunis après sa mort (*Œuvres 1922-1957*, Bruxelles, Éditions A. de Rache, 1970). Ami de Michaux depuis le collège, c'est lui, rapporte Hellens, qui le premier lui a parlé de celui-ci et de « textes fort curieux [...] qu'il n'avait encore voulu montrer à personne » (*Documents secrets*, p. 120). Goemans est aussi l'auteur du premier article critique consacré à Michaux, sur *Les Rêves et la Jambe*. Un de ses poèmes du *Disque vert* est dédié à Henri Michaux [*sic*] (n° 6, octobre 1922, p. 139). Michaux dira de lui, en intercédant auprès de Paulhan pour aider son ami dans une situation financière difficile : « Quoique habitant en Belgique, vous savez combien son style est pur, et parfaitement exempt de traces belges » (s. d., mars 1930).
2. Robert Guiette (1895-1976) est apparemment le seul de ses amis belges de jeunesse avec lequel Michaux soit resté aussi longtemps lié, montrant une grande fidélité à un homme parfois un peu déçu, qui n'a pas su rechercher le succès (« tu n'aimes pas trop prendre les mains que te tend le destin », 2 décembre 1938, cachet de la poste). En 1974, Michaux rend encore visite à son ami malade, qui vit très isolé à Anvers. Quelques semaines avant la mort de Guiette, Michaux le félicite de la parution si longtemps remise de son livre sur Max Jacob, que lui-même avait tenté de défendre dès les années 1930 auprès de Paulhan (« Texte d'une simplicité qui a quelque chose de singulier, qui vient du pays des Béguinages... dirais-je », 25 octobre 1976, cachet de la poste). Membre de la rédaction du *Disque vert*, auteur d'environ trente recueils de poèmes, biographe, essayiste, auteur d'une importante anthologie (*Poésie française de Belgique, de Verhaeren au surréalisme*, Paris-Bruxelles, Éditions Lumière, 1948), Guiette, spécialiste aussi de littérature du Moyen Âge, a aidé Michaux à publier dans *Hermès* les écrits mystiques de Hadewijch d'Anvers. Les lettres que lui adresse Michaux au début des années 1920 comptent parmi les plus bouleversantes de sa correspondance.

mann Closson. Dès 1924, apparaissent les grands numéros spéciaux : *Charlot, Freud et la psychanalyse*. L'année suivante, le comité de rédaction disparaît ; Michaux, déjà installé à Paris, devient codirecteur des quatre numéros qui suivent, dont trois numéros spéciaux — jusqu'au dernier de la série, consacré à Lautréamont.

1. Hermann Closson (1901-1982) a été l'un des condisciples de Michaux chez les jésuites, au collège Saint-Michel (Norge, le poète belge, en a témoigné ; voir « Jeux d'enfant », *Magazine littéraire*, p. 22). Après deux romans, ou récits, *Le Cavalier seul* (1925) et *Le Scribe accroupi* (1937), Closson se consacrera exclusivement au théâtre. Il apparaît au comité de rédaction du *Disque vert* en décembre 1923. Les partis pris de son premier roman (un monologue intérieur correspondant à trente minutes de temps réel) témoignent d'un sens du tempo, de la vitesse, de la fragmentation psychique qui évoquent les projets de roman dont Michaux s'est bercé pendant plusieurs années et dont il s'est ouvert d'abord à Franz Hellens (voir l'introduction, p. 58-59). Il n'y a rien d'étonnant à ce que Closson soit devenu le dédicataire du premier texte publié par Michaux. C'est sans doute à lui (« H. Cl. ») que Michaux destine une lettre à la page 45 d'*Ecuador*. Une carte postale tardive (29 septembre 1972) témoigne de rapports maintenus et d'une demande, énigmatique, concernant, encore une fois, des lettres : « Bien reçu tes livres, mon cher Henri, mais le paquet reste intact et je viendrai te les rapporter quand je serai sur pied je te l'ai dit, je tiens à ces lettres et je veux les ravoir. / Ton ami. H. Closson » (archives Michaux).

2. Voir l'introduction, p. 26-28.

Page 83.

1. C'est dans le chapitre II de son ouvrage *Les Maladies de la personnalité* (Alcan, 1885), chapitre consacré aux troubles affectifs, que Théodule Ribot (1839-1916), fondateur en France de la psychologie scientifique, développe sa

description des dissociations du sujet, en particulier dans
« la folie dite circulaire ». Chez un malade, « V… », atteint
d'hystéro-épilepsie, les médecins MM. Bourru et Burot ont
obtenu six états différents à l'aide des « procédés physiques
de transfert (acier, fer doux, aimant, électricité) ». Le qua-
trième état, paraplégie, est « obtenu par l'application du fer
doux sur la nuque »; le sixième « par l'application du fer
doux sur la cuisse droite » (p. 83-89). On voit ici comment
Michaux, qui cite explicitement Ribot dans *Les Rêves et la
Jambe* (voir p. 102), se sert d'un texte préexistant pour le
plier à sa logique propre (le mot de « céphalalgie » n'est en
particulier pas utilisé par Ribot dans ce passage; et jamais
« V… » ne se prend pour une petite fille).

Page 89.

CHRONIQUE DE L'AIGUILLEUR

Écrits du Nord, nᵒ 1, novembre 1922.

Ce titre n'est pas propre à Michaux : il s'agit d'une
rubrique libre et intermittente, déjà tenue dans *Le Disque
vert*, avant Michaux, en 1922, par Odilon-Jean Périer (mai),
Mélot du Dy (juin), Joséphin Milbauer (août). Hellens
indique que Michaux avait d'abord intitulé sa contribution
« Chronique sur les directions (dans divers domaines) de
l'esprit actuel ».

1. C'est le premier signe de la passion de Michaux pour la
musique. Il cite aussi deux fois Satie (p. 97 et 135).
2. Il est possible que Michaux ait transformé ici le prénom
Oswald en celui d'Oscar. Oswald Herzog (1881- ?), sculp-
teur allemand, auteur de plusieurs ouvrages sur l'art, semble
avoir recherché une synthèse entre expressionnisme et
cubisme. Ce pourrait être en tant que sculpteur, aux côtés de
deux peintres, d'un poète et d'un musicien, qu'il a retenu
l'attention de Michaux, dans un texte où celui-ci cherche
visiblement une vue synthétique des différents arts à l'œuvre
dans la modernité.

Page 92.

1. C'est entre 1861 et 1865 que le chirurgien et anthropologiste Pierre-Paul Broca (1824-1880) fit ses célèbres recherches sur les fonctions cérébrales et marqua la place de l'organe de la parole sur la troisième circonvolution cérébrale qui depuis porte son nom.

Page 93.

1. Le cinéaste et essayiste Jean Epstein (1897-1953) eut un rôle important, deux fois relevé par Michaux (voir aussi « Surréalisme », p. 155), dans une caractérisation de l'esprit d'époque au début des années 1920. D'abord étudiant en médecine, il développe le projet d'une thèse de « psychophysiologie littéraire[1] » dont il a ainsi résumé le sujet : « L'écriture de certains poètes de l'époque — hachée, elliptique, allant par grands sauts d'analogie — fournissait un exemple d'une assez soudaine évolution de la pensée, par accélération et relâchement du raisonnement, par fatigue intellectuelle[2]. » Envoyé à Cendrars, qu'Epstein prend comme exemple central, le projet deviendra un livre : *La Poésie d'aujourd'hui ; un nouvel état d'intelligence*, augmenté d'une « Lettre » de Cendrars, Aux éditions de la Sirène (comme les deux livres suivants), 1921. Un second livre, *La Lyrosophie* (1922), développe une vision utopique d'un dépassement des antinomies entre la raison-science et l'émotion-sentiment. Un troisième, *Bonjour cinéma* (1921), met Chaplin au centre d'un dispositif du même ordre, où les notions d'indifférence, d'animalité, de fatigue viennent au premier plan. Ce sont ces vues, reprises dans une suite d'essais consacrés au « Phénomène littéraire » à partir du numéro 9 de *L'Esprit nouveau*, qui touchent alors Michaux directement[3]. Epstein a publié abon-

1. Cette formulation d'Epstein est citée comme venant de ses *Mémoires* (où elle ne figure pas) par son commentateur Pierre Leprohon, dans *Jean Epstein*, Seghers, 1964, p. 20.
2. Jean Epstein, *Mémoires inachevées*, dans *Écrits sur le cinéma*, t. I, Seghers, 1974, p. 31.
3. Par exemple ces lignes, dans le premier essai (*L'Esprit nou-*

damment dans de nombreuses revues d'avant-garde, dont *Le Disque vert*. Guiette y commente ainsi son apport : « Médecin, M. Jean Epstein tâte le pouls d'aujourd'hui et décrit tous les symptômes. »

Page 94.

1. *L'Esprit nouveau*, « la première Revue du monde consacrée à l'esthétique de notre temps, dans toutes ses manifestations » (ainsi s'ouvre en 1920 le numéro inaugural), a rempli pendant trois ans ce programme. L'art, la science, l'anthropologie et l'analyse idéologique s'y mêlent en un syncrétisme moderniste dans lequel Michaux puise largement. — Amédée Ozenfant (1886-1966) et Charles-Édouard Jeanneret (1887-1965, dit Le Corbusier) paraissent ici interchangeables parce qu'ils ont publié ensemble dans *L'Esprit nouveau* (qu'ils animaient avec son directeur Paul Dermée) un très grand nombre d'études sur les sujets les plus divers touchant l'art et la société. En peinture, en architecture, ils travaillaient à un dépassement du cubisme : le purisme.

Page 95.

1. Dès 1887, en cette fin de siècle où se développent en parallèle la linguistique comme science et les rêveries les plus extrêmes sur la langue, on se rappellera que, sous le pseudonyme de Doktor Espéranto, Ludwik Zamenhof, juif polonais, publie un premier manuel de langue artificielle : *Langue internationale*. En 1905, cet acte de foi dans le « bon génie » de l'humanité prend forme dans *Fundamento espe-*

---

veau, nº 9, bien qu'annoncé dans le nº 8), sont reprises presque littéralement par Michaux et disséminées en divers points de « Chronique de l'aiguilleur » et de « Surréalisme » où il se réfère à Epstein, ainsi que dans plusieurs autres textes : « Vitesse spatiale, vitesse mentale, multiplication des diamètres apparents, extension de l'auto-observation, de l'importance donnée à la vie intérieure, vie cérébrale et la fatigue qui en résulte, telles sont les conditions les plus importantes dans lesquelles se produit le phénomène littéraire contemporain » (p. 966).

ranto : on y trouve exposées les seize règles fondamentales et les neuf cent dix-sept racines de base de l'espéranto. Le mot lui-même signifie « espère » dans cette langue inventée.

Page 97.

1. « Je porte tout avec moi. » Il s'agit d'une phrase de Bias, l'un des sept sages de la Grèce. Utilisée dans des recueils d'emblèmes, cette formule servait de commentaire moral à l'image de l'escargot.

2. Cendrars est un des rares écrivains contemporains à avoir été cité deux fois par Michaux : une fois quand celui-ci bat ses premières cartes ; et bien plus tard, lorsque ses références sont devenues très sélectives (voir *Passages*, L'Imaginaire, p. 44). Cendrars est aussi un des seuls écrivains de langue française avec lequel Michaux semble avoir un rapport de proximité réel.

Page 99.

[COMPTE RENDU PARU DANS « LA BATAILLE LITTÉRAIRE »]

La Bataille littéraire, 25 novembre 1922.

Le roman de Hellens, à propos duquel Michaux écrit son premier et l'un de ses rares comptes rendus, est paru chez Rieder cette même année. Sa critique rend assez fidèlement compte du livre. Ajoutons seulement que la statuette-héros de Hellens fait le voyage du Zambèze jusqu'à Paris, découvrant ainsi le monde des « Blancs », le mesurant à l'aune de la puissance naïve de son âme primitive.

1. Il est délicat d'évaluer la nature du rapport que Michaux a entretenu avec Franz Hellens (1881-1972). Du côté de Hellens, les choses semblent simples : il découvre Michaux, de dix-huit ans son cadet, devine en lui un génie singulier, le publie, l'associe à la direction de sa revue ; il témoignera toujours envers lui d'une immense et juste admiration. De son côté, Michaux a évidemment été sensible à une reconnaissance aussi immédiate, et à l'appui qu'elle procure. D'autre

part, Hellens écrivain l'intéresse alors vraiment, produisant en lui un déclic qui prend le relais des lectures anciennes, en particulier de Lautréamont. On le voit dans sa « Lettre de Belgique », où il lui rend un hommage vibrant, distinguant dans une œuvre dont il loue la diversité rare, « deux romans extraordinaires », *Bass-Bassina-Boulou* et *Mélusine* (p. 147-148). Il semble que Michaux se soit ensuite dégagé assez vite d'un rapport personnel trop lié à un temps d'écriture dans lequel il ne pouvait plus se reconnaître, et dont Hellens aurait été par trop soucieux de garder et d'exploiter la mémoire.

Page 101.

LES RÊVES ET LA JAMBE

Les Rêves et la Jambe, Essai philosophique et littéraire, paraît aux Éditions Ça ira en 1923 (Anvers avec un tirage à 400 exemplaires). Michaux a surveillé lui-même la composition de cet ouvrage. Il fixe ainsi dès son premier livre la forme-fragment, tant par les gros ronds noirs qui séparent les vingt-six fragments que par des lignes de gras soulignant souvent les propositions finales.

Les Éditions Ça ira sont une émanation de la revue du même nom, animée en particulier par Paul Neuhuys et Maurice van Essche (c'est avec ce dernier que Michaux traite pour l'édition de son livre). Fondée à Anvers en avril 1920, la revue montra en trois ans et vingt numéros une curiosité et un terrorisme joyeux qui jaillissent encore, cinquante ans plus tard, de la préface de Paul Neuhuys au « reprint » qui en a été fait. Le moment fort de la revue, celui-ci le souligne, fut le numéro 16 consacré à Dada (« Dada Sa naissance, Sa vie, Sa mort »), dirigé par Clément Pansaers, l'auteur du roman *Le Pan Pan au cul du nu nègre* (1920), roman qui n'a certainement pas échappé à Michaux.

1. Cette phrase de Rivarol est extraite de son *Discours sur l'universalité de la langue française* (1784) : « La syntaxe du français est incorruptible. C'est de là que résulte cette admi-

rable clarté, base éternelle de notre langue. Ce qui n'est pas clair n'est pas français » (Arléa, 1991, p. 72-73).

Page 102.

1. Dans le manuscrit, on trouve un renvoi en bas de page avec le texte suivant : «Mourly Vold. Expérience sur les rêves et en particulier sur ceux d'origine musculaire et optique. Christiana». Les recherches de Jérôme Roger montrent que la référence complète de cet énoncé se trouve dans *La Revue philosophique*, fondée par Théodule Ribot, où Michaux a pu lire un résumé détaillé des travaux du psychologue norvégien John Mourly Vold. Connu pour ses expériences sur les rêves musculaires, celui-ci supposait que, comme dans les cas d'épilepsie et d'hystérie, les mouvements imaginés par le rêveur reflètent l'état central du cerveau.

2. Armand de Villeneuve est un cas cité par Ribot dans *Les Maladies de la personnalité*. Il est donné en exemple à la thèse développée dans une recherche d'ensemble sur les bases physiques de la personnalité : «À chaque organe, la part qui lui revient dans ces rêves.» Voici le passage dont Michaux s'inspire et que, contrairement à un principe d'allusion brusquée qu'il pratique souvent, il développe ici pour le pousser vers la fiction : « Armand de Villeneuve rêve qu'il est mordu à la jambe par un chien ; quelques jours après, cette jambe est envahie par un ulcère cancéreux. »

3. Voir n. 1, p. 83.

Page 107.

1. C'est la thèse centrale de Freud dans *L'Interprétation des rêves*.

Page 110.

1. Edgar Poe est un auteur que Michaux a bien lu. Il l'évoque à nouveau dans ses premiers écrits («Réflexions qui ne sont pas étrangères à Freud», p. 142), comme «psychanalyste», parmi quelques autres écrivains.

2. Le roman de Franz Hellens, *Mélusine*, est publié en

1920 (Émile-Paul Frères; il a été réédité par Gallimard en 1953; et plus récemment par Les Éperonniers, Bruxelles, 1987). Michaux s'y réfère également dans « Lettre de Belgique » (p. 148) et « Surréalisme » (p. 158).

3. *Réalités fantastiques, contes*, Bruxelles, Le Disque vert, 1923. Ce livre a été repris sous le même titre en 1931 chez Gallimard, augmenté de quatre brefs ensembles, avec le sous-titre : « Contes choisis 1909-1929 ».

Page 111.

1. *L'Île des pingouins* date de 1908. Anatole France y fait l'hypothèse d'une transformation entre hommes et pingouins pour construire une parabole sur l'état de nature et de civilisation, et dresser ainsi un portrait de la nation française.

2. Il s'agit du *Pont traversé* (Bloch, 1921). Une série de rêves y sont introduits au fil de trois nuits commentées. Paulhan participait au comité du *Disque vert* et était très lié à Hellens.

Page 112.

FABLES DES ORIGINES

Fables des origines paraît aux Éditions du Disque Vert en 1923 (Paris-Bruxelles, sans achevé d'imprimer).

Ce petit livre est annoncé comme « plaquette à paraître », dès la publication partielle en revue, dans *Le Disque vert*, nº 1, octobre 1923, 2ᵉ année, Paris-Bruxelles, p. 7-12. C'est la première prépublication en revue d'un texte de Michaux.

Page 130.

LA CHAISE

Montparnasse, nº 33, mai 1924.

Ce texte est signé « Henri Michaux », de façon exceptionnelle pour l'époque, mais peu significative, semble-t-il. Il est aussi surtitré « Proses » et sous-titré « Origines de la chaise ».

Fondée en 1914 par Paul Husson, la revue *Montparnasse*, consacrée aux arts dans leur ensemble, n'eut alors que trois numéros. Elle reparaît le 1ᵉʳ juillet 1921, dirigée par Paul Husson et animée par Géo-Charles. Modeste mais richement illustrée, cette petite revue, publiée en général sur huit pages, durera dix ans. Pacifiste, internationaliste et cosmopolite, elle veut témoigner « de toutes les races unies en un idéal d'art », et d'un moment « où se prépare peut-être la fusion des peuples de l'Europe et du Monde ». Un mini *Disque vert*, en somme.

Page 132.

[COMPTES RENDUS PARUS
DANS « LE DISQUE VERT »]

Le Disque vert, décembre 1923.

1. Géo-Charles (pseudonyme de Charles Guyot, 1892-1963), ancien courtier publicitaire, est journaliste et écrivain. Il anime la revue *Montparnasse* ; le sport est un de ses sujets favoris ; il publiera un livre sur les *VIIIᵉ Olympiades* (Bruxelles, Éditions de l'Équerre, 1924-1928).

Page 133.

1. C'est sans doute là une faute de Michaux ou de la revue. Géo-Charles mentionne la « garde basse », position dans le combat de boxe.

2. Le titre complet de cette plaquette singulière est le suivant : *Manuscrit trouvé dans une poche. Chronique de la Conversion de Bodor Guila, Étranger.* Eddy du Perron (1899-1940), poète, essayiste et romancier néerlandais, est l'auteur du roman autobiographique *Le Pays d'origine*, préfacé par Malraux, qui avait autrefois dédié à son ami *La Condition humaine*.

Page 135.

NOTRE FRÈRE CHARLIE

Le Disque vert, 1924 [hiver-printemps].

Le numéro *Charlot (Charlie Chaplin)* (96 p.) réunit, outre la plupart des rédacteurs de la revue, Soupault, Max

Jacob, Crevel, Ponge, Cocteau, Élie Faure, Ramon Gomez de la Serna, Cendrars.

Ce texte fournit une bonne occasion de voir comment Michaux travaille librement ses sources, transformant et mêlant à son gré la matière des films dont il s'inspire, souvent d'autant moins fidèle à la lettre qu'il l'est à l'esprit. Un spécialiste de Chaplin, Alberto del Fabro, nous a fait l'amitié de confronter le texte de Michaux à ce qu'il connaissait des films, de surcroît scrupuleusement décrits dans plusieurs livres, en particulier dans *Tout Chaplin* de Jean Mitry (Seghers, 1972). Il a pu ainsi retrouver trois références sûres : au deuxième fragment, « son pantalon troué, où il met aussi son chien » renvoie à un geste précis d'*Une vie de chien* (*A Dog's Life*, 1918 ; *Tout Chaplin*, p. 205) ; aux sixième et huitième fragments, la scène du tuyau d'arrosage et celle du chauve au cor d'harmonie proviennent de *Charlot au music-hall* (*A Night in the Show*, 1915 ; *ibid.*, p. 107 et 109). En revanche, la scène d'addition du fragment 4 semble bien faire écho, mais en les mêlant et en les réinterprétant selon un récit propre, à deux scènes dans deux films différents, *Charlot patine* (*The Rink*, 1916) et *Charlot voyage* (*The Immigrant*, 1917 ; *ibid.*, p. 162, 182-183). Jusqu'à faire retour, quelques années plus tard, on l'imagine, dans « Plume au restaurant » (*Plume*, *Poésie*/Gallimard, p. 141-144 ; Pléiade, p. 623-625). Et ainsi de suite, tout au long de ce texte qui associe, reraconte et ainsi réinvente librement films et gestes au gré de ce qu'il cherche à cerner.

Page 138.

1. Sur Proust, voir l'introduction p. 58.

2. Cette référence à Jules Romains renvoie bien sûr à l'unanimisme auquel Michaux fait référence dès la première page de son texte.

3. Charlie Chaplin fait partie d'une liste de noms figurant sur un papillon : « La seule expression de l'homme moderne / Lire / DADA. » Composé par Tzara en 1919, daté de janvier 1920, ce papillon était destiné à être inséré sous forme de pavé publicitaire dans les revues d'avant-garde, notamment

dans *Littérature*. La liste est large et fictive, puisqu'elle inclut Bergson, Léon Daudet et jusqu'à Georges Clemenceau. Mais le nom de Chaplin, lui, fait écho, parmi ceux des « vrais » dadaïstes et des futurs surréalistes.

Page 142.

RÉFLEXIONS QUI NE SONT PAS ÉTRANGÈRES
À FREUD

Le Disque vert, 1924 (achevé d'imprimer de juin).

Ce texte figure dans le numéro spécial *Freud et la psychanalyse* (203 p.). On y trouve, aux côtés de plusieurs psychanalystes, dont René Allendy, à nouveau des écrivains proches de la revue : Marcel Arland, Larbaud, Paulhan, Jacques Rivière, Soupault.

Page 144.

1. C'est chez Michaux le seul témoignage public d'un intérêt pour Barrès. Mais une lettre à Paulhan (15 juillet 1928) montre, par une référence forte à *Sous l'œil des Barbares*, que Barrès participe (avec Proust, mais dans un sens tout différent du « délayage » prêté à celui-ci) des modèles auxquels Michaux recourt pour situer ses désirs de roman.

2. Tolstoï et Dostoïevski figurent parmi les lectures appréciées de Michaux pendant son adolescence.

3. Cette référence à Paul Bourget, le romancier des « maladies morales » de la bourgeoisie fin de siècle, auteur des *Essais de psychologie contemporaine* (1883-1885), est aussi inattendue de la part de Michaux que celle de Nietzsche sur les « psychologues si curieux et en même temps si délicats ».

4. Il n'y a pas trace de ce livre annoncé, sans doute destiné à opérer une synthèse entre les conceptions générales esquissées dans « Chronique de l'aiguilleur » et les réflexions de Michaux sur l'œuvre de Hellens.

Page 145.

The Transatlantic Review, décembre 1924.

Parmi les articles du jeune Michaux, encore un peu jour-
naliste, c'est là un cas unique de recension d'œuvres et d'in-
formation culturelle. Le parti pris de cette « Lettre » s'éclaire
un peu par la publication à laquelle elle est destinée : une
revue américaine installée à Paris.

The Transatlantic Review naquit au début de 1924, des
efforts et des parrainages conjugués de John Quinn (avocat
réputé d'une revue américaine, *Little Review*, poursuivie en
justice pour avoir publié des extraits d'*Ulysse*), d'Ezra Pound,
de Joyce, de l'écrivain anglais Ford Maddox Ford qui dirige
la revue, et du jeune Hemingway qui en devient le secrétaire.

Il s'agit donc de dresser un panorama des lettres belges
pour un public américain. Michaux remplit la commande
avec une sorte d'ironie encyclopédique qui rend l'appel de
note difficile.

On retrouve dans cette liste des auteurs déjà anciens :
Camille Lemonnier (1844-1913), que Georges Rodenbach,
absent de ce florilège, appelait le « maréchal des lettres
belges » ; ou Eugène Demolder, un des écrivains de *La Jeune
Belgique* qui frappèrent Michaux adolescent. Parmi les
auteurs de la génération de Michaux, beaucoup de ceux qui
sont cités ici participent à la rédaction du *Disque vert* : René
Purnal, Mélot du Dy, Robert Guiette, Léon Kochnitsky,
Camille Goemans, Hermann Closson, Paul Fierens, Odilon-
Jean Périer (voir n. 1, p. 170). André Baillon (1875-1932) est
l'auteur d'une œuvre autobiographique à peine masquée par
la fiction, marqué par une forme de folie lucide et une écri-
ture très directe, qui ont forcément intéressé Michaux. Pierre
Bourgeois (1898-1978) fut en particulier l'animateur de la
revue *7 arts* (1922-1929), dont le constructivisme visait au
décloisonnement entre les arts. Le plus étonnant, dans ce texte
sans précédent ni lendemain, est évidemment que Michaux
s'y situe lui-même, à ses propres yeux, déjà, inclassable.

Page 152.

Le Disque vert, n° 1, [janvier] 1925.

Michaux est pour la première fois codirecteur de la revue avec Franz Hellens, pour ce numéro comprenant un important dossier intitulé *Sur le suicide*. Il restera codirecteur pour les trois numéros suivants, jusqu'à ce que *Le Disque vert* s'arrête une première fois en 1925.

Page 154.

Le Disque vert, [janvier] 1925.

1. *Poisson soluble* (1924) vient juste de paraître quand Michaux écrit ce texte.

Page 155.

1. Voir « Chronique de l'aiguilleur », n. 1, p. 93.

Page 157.

1. Joseph Delteil, « Esthètes et anges », *Surréalisme*, n° 1, oct. 1924 ; repris dans *Mes amours... (spirituelles)*, 1926, Albert Messein, p. 10-11.

Page 158.

1. Il semble qu'il y ait là une erreur de Michaux. Il pourrait s'agir de Gaston Bonnier, auteur, entre 1880 et 1910, de nombreuses flores, constamment rééditées depuis, et en particulier d'une *Flore du nord de la France et de la Belgique* (1887). Gaston Boissier est un historien de l'Antiquité et un spécialiste de l'histoire de l'Académie française dont il a été secrétaire perpétuel à la fin du siècle dernier.

Page 160.

Le Disque vert, [mars] 1925.

Ce numéro comprend un important dossier intitulé « Des

rêves ». Ce dossier se présente comme une succession de réponses, plus ou moins fictives, à une enquête mentionnée dans une brève introduction qui se conclut sur ces mots : « L'homme n'aime pas se mettre en chemise, et au balcon. » Parmi les interventions, Artaud, Crevel, Joseph Delteil, Max Jacob, Michel Leiris, Ribemont-Dessaigne, et Claude Cahun, déjà proche de Michaux.

Page 163.

1. Pour une rédaction différente de ce fragment, voir *Qui je fus*, p. 186.

Page 165.

[COMPTE RENDU PARU
DANS « LE DISQUE VERT »]

Le Disque vert, [mars] 1925.

Dans une lettre envoyée de Bruxelles, en septembre 1924, Michaux écrit à Jouhandeau : « J'ai envoyé au *Disque vert* mes notes sur les *Pincengrains*, Hellens les dit bonnes. Je le voudrais croire. Mais à moins de consacrer un article de plusieurs pages (ce pourquoi la place faisait défaut) je ne puis guère analyser l'œuvre de quelqu'un. J'ai dû couper dans mes idées à votre sujet. Au moins ai-je tâché de bien réfléchir. »

Ce texte jusque-là non recensé figure bien dans le numéro *Des rêves*, mais est seulement signé : « H. G. M. », soit : Henry Ghislain Michaux, qui n'a jamais usé, semble-t-il, de son quatrième prénom.

Faute d'aucune preuve à ce masquage, risquons une hypothèse. Michaux pressent là, pour lui, à un niveau encore impossible à dégager, du très proche : ce qu'il traduit par la notion d'« esprit conique », un usage décapant de la phrase, ou cette insensibilité au monde extérieur de « Clodomir l'assassin », qui devient par là une possible préfiguration de Plume. Michaux sent cela, s'en exalte, va droit aux meilleurs textes dans ce livre inégal. Mais, saisi d'une retenue, pour ne pas accorder trop à un contemporain dont il pourrait dépendre, et s'éviter de n'avoir pas su distinguer le meilleur du pire (comme déjà cela lui est arrivé à propos de Hellens et de *Mélusine*), il se cache à l'intérieur de son nom même, et fait disparaître jusqu'à ses initiales de la couverture où il aurait dû figurer, dans ce numéro dont il est aussi le directeur.

Page 167.

[LE CAS LAUTRÉAMONT]

Le Disque vert, *Le Cas Lautréamont*, [automne] 1925.
Cet ensemble, qui ressemble à un livre collectif (131 p.) se présente comme une succession d'études et d'opinions. Les quelques lignes de Michaux se situent dans les opinions. Elles suggèrent qu'il aurait eu l'initiative de ce numéro, dont il est, une dernière fois, codirecteur avec Franz Hellens. De fait, Michaux répond directement, et non sans brutalité, à Hellens qui introduisait ainsi sa propre opinion : « Il y a un "cas" Lautréamont. Nous demandions à être fixés sur ce point précis : quelle place l'œuvre d'Isidore Ducasse occupe-t-elle dans la poésie française. »

1. Sur la découverte de Lautréamont par Michaux, voir l'introduction p. 26.
2. Ernest Hello (1828-1885), né et mort à Lorient, est un écrivain catholique radical, proche de Léon Bloy et de Barbey d'Aurevilly. Il a publié *L'Homme*, *Physionomie de saints*, *Paroles de Dieu*, et transposé en français des auteurs mystiques comme Ruysbroeck et Angèle de Foligno.
3. Il s'agit de René Bazin (1853-1932), écrivain catholique bourgeois, attaché à la terre et aux valeurs patriotiques : *Les Oberlé* (1901), *Le blé qui lève* (1907).

Page 168.

[COMPTES RENDUS PARUS
DANS « LA REVUE EUROPÉENNE »]

La Revue européenne, février 1926.
Cette revue, où Michaux publie à Paris, dès le mois suivant, son premier texte important (voir « Partages de l'homme »), est née en mars 1923 d'un double mouvement :

la transformation de la revue *Les Écrits nouveaux* d'André Germain, et le désir de Simon Kra, le libraire-éditeur, directeur des éditions du Sagittaire, de doter sa petite maison d'une revue qui aurait un rôle analogue à celui de la *N.R.F.* pour Gallimard. On y retrouve, parmi les auteurs de critiques et les livres dont il est rendu compte, Hellens, Guiette, Closson, Supervielle. Michaux en a été très proche, au point de solliciter des comptes rendus : c'est l'époque où il est employé à (presque) tout faire aux éditions du Sagittaire.

1. On voit bien ce qui attire Michaux dans le sensualisme atomiste et l'individualisme éthique d'Épicure. Sur un plan plus formel, cet intérêt a certainement été avivé par la façon dont le peu qui demeure de l'œuvre d'Épicure se trouve rassemblé en un seul livre, qui brasse trois genres dont Michaux fera grand usage : la « Vie » (c'est celle de Diogène Laërce) ; la lettre (ce sont les trois lettres classiques, sur la physique, les météores et l'éthique) ; la maxime, sentence ou fragment.

2. C'est certainement à travers Hello, dont Bloy fut un des rares défenseurs et amis, que Michaux est venu à cette œuvre dont la violence avait tout pour le satisfaire. On pense en particulier à ses *Propos d'un entrepreneur de démolitions* dont une nouvelle série apparaît dans ce livre composite (Stock, 1925), à la suite d'articles pour la plupart repris de la revue *Le Pal* où Bloy les avait d'abord publiés.

Page 169.

1. Il s'agit en fait de René Guénon, le grand défenseur de l'ésotérisme et de la tradition (1886-1951). Initié à l'Islam, il s'est fixé au Caire à partir de 1930. Ce livre est publié en 1925 dans la Petite collection orientaliste. Le Védânta (en sanskrit : « fin, accomplissement du Véda »), un des plus importants courants de l'hindouisme classique, représente la métaphysique par excellence.

2. Le diplomate et écrivain péruvien Ventura Garcia Calderon (1887-1959) a beaucoup contribué aux échanges entre les formes les plus avancées de la littérature française et

celles de la littérature de son pays, à partir de son fonds traditionnel. Il est l'auteur de poèmes et de recueils de contes. *La Vengeance du condor* (1925) frappe par le rôle positif qui y est donné aux Indiens. Plutôt réaliste au départ, son livre séduit par ses dérapages progressifs vers le fantastique.

Page 170.

1. Odilon-Jean Périer (pseudonyme de Jean Périer, 1901-1928), fut avec Franz Hellens et Mélot du Dy, un des fondateurs du *Disque vert*. Il a beaucoup écrit dans la revue, en particulier une « Chronique de l'aiguilleur » et sur « Les Trois Derniers Films de Charlot ». Il était aussi lié à la *N.R.F.*, à Paulhan et Marcel Arland. Il est l'auteur d'un roman entrecoupé de vers (*Le Passage des anges*, 1926), de pièces de théâtre, et de plusieurs recueils de poèmes, dont *Le Promeneur*, oscillant entre classicisme et modernisme.

Page 171.

Qui je fus paraît en 1927 aux éditions de La Nouvelle Revue française, dans la collection « Une œuvre, un portrait », avec un tirage de 636 exemplaires.

Page 172.

1. Le graveur Georges Aubert, né en 1886, a pris part à quelques expositions jusqu'à la fin des années 1920. Il a exécuté plusieurs gravures sur bois pour la collection « Une œuvre, un portrait ».

Page 173.

I. QUI JE FUS

Le Disque vert, décembre 1923 (sous le titre « Les Idées philosophiques de Qui-je-fus »).

1. Ces lignes placées en exergue du premier texte de *Qui je fus* publié en revue, « Les Idées philosophiques de Qui-je-fus », sont reprises ici de sorte qu'elles semblent aussi mises en exergue à l'ensemble du recueil.

Page 175.

1. Ernst Haeckel (1834-1919), naturaliste et zoologiste allemand. Darwiniste convaincu, il a cherché à appliquer les thèses transformistes au problème de l'origine de l'homme et tenté de retracer les étapes de l'évolution depuis les formes élémentaires de la vie. Dans ses travaux sur les unicellulaires comme dans ses vues plus générales sur la dynamique des espèces, il met en avant la réalité, ou l'hypothèse, d'états intermédiaires. Ce caractère inspiré de Haeckel, en particulier sur les mixités de l'animal et de l'humain, s'accomplit malheureusement dans une vision eugéniste et savamment raciste qui culminera dans le biologisme nazi sans jamais s'y réduire. Michaux s'en souviendra dans son *Voyage en Grande Garabagne*.

Page 177.

1. *Nocturnal*, précédé de *Quinze histoires*, Bruxelles, Cahiers indépendants, 1919. L'histoire en question s'intitule « Un crime incodifié ». Elle a été dédiée à Michaux, lors de la reprise de *Nocturnal* à l'intérieur de *Réalités fantastiques* (Gallimard, 1931). Cette dédicace semble évidemment un écho de la référence que fait Michaux à la nouvelle dans son texte de 1923. On peut aussi être tenté d'y voir le signe d'une certaine étrangeté qui aurait coloré alors le rapport des deux écrivains : d'un côté, Michaux, concevant l'écriture comme un vol, une usurpation d'identité, emprunte à Hellens plus qu'à d'autres, au point d'avoir été peut-être poussé à s'en détourner d'autant plus vite, même si ce qu'il vole ne ressemble qu'à lui ; de l'autre, Hellens sent cette pression à laquelle il est soumis, en conçoit de l'orgueil autant que de la peur, et admire d'autant plus ce génie par lequel il se trouve ainsi manipulé, comme il avait, dans sa fiction, anticipé de l'être.

Page 180.

1. Fourmi rousse.

Page 182.

II. ÉNIGMES

Le Disque vert, 1925 [janvier].

Le 17 janvier 1923, dans une lettre à Hellens, Michaux signale qu'il a envoyé à Goemans un extrait des «Poésies du merveilleux», qui préfigurent «Énigmes». Les deux derniers fragments n'apparaissent que dans *Qui je fus*. Le premier est une reformulation partielle d'un fragment de «Mes rêves d'enfant» (voir p. 163). Le second est inédit.

1. En sept ans, de «Cas de folie circulaire» à *Ecuador*, Michaux a dédié plus de textes, de poèmes et de livres qu'il ne le fera de toute sa vie. Comme s'il comptait ses amis, ses dettes, ses références, accumulant des signes dont il voudra ensuite alléger sa mémoire et son œuvre. C'est envers Supervielle que sa dette semble avoir été la plus grande et la plus légère. On ne sait exactement quand et comment ils se rencontrent, mais ce sera «avec surprise et délectation[1]». Dès 1924, Michaux est accueilli chez Supervielle à Paris, comme il l'est en vacances au Pickey ou à Port-Cros et le sera en Uruguay, partout où les Supervielle s'installent. Le jeune et pauvre Michaux trouve là, par instants espacés, une «famille idéale[2]». Une trentaine de lettres au «cher Julio» témoignent au fil de la vie d'un rapport immédiat et affectueux. Michaux a rendu, chose rare, deux fois un hommage appuyé à Supervielle ; celui-ci, dans des termes forts, a célébré l'immense singularité de Michaux. Il a dédié à «Henry Michaux» «Au feu !», un poème de *Gravitations* (1925) sans doute écrit peu après leur rencontre.

1. «Mil neuf cent trente», hommage à Supervielle, *N.R.F.*, n° 20, août 1954.
2. *Ibid.*

Page 188.

III. PARTAGES DE L'HOMME

Ce texte rassemble deux séries de textes ou fragments. Une première série paraît, sous le titre « Partages de l'homme », dans *La Revue européenne*, 1er mars 1926.

La seconde série de fragments paraît, sous le titre « À travers l'infini plausible », dans *Les Cahiers du Sud*, juin 1926.

Jusqu'aux premières années de la guerre, *Les Cahiers du Sud* est la revue où, la *N.R.F.* exceptée, Michaux a le plus publié (onze textes). Émergeant à Marseille, entre 1919 et 1926, d'un projet plus ancien mené avec Marcel Pagnol, cette revue mensuelle disparaîtra en 1966, à la mort de son fondateur Jean Ballard. En dépit d'un réel engagement local, *Les Cahiers du Sud* revendique un espace européen et « mondial ». La *N.R.F.* est le modèle, jusque dans un refus d'engagement, qui s'atténuera avec la guerre. C'est probablement par Supervielle et Paulhan, peut-être aussi par Gaillard, lié aux milieux surréalistes et aux auteurs proches de Gallimard, que Michaux arrive aux *Cahiers du Sud*.

Page 192.

1. Ce texte est dédié dans *Les Cahiers du Sud* à Jules Supervielle (voir n. 1, p. 182). La suppression de la dédicace dans *Qui je fus* a certainement été déterminée par le fait que la section « Énigmes » se trouve déjà dans ce recueil dédiée à Supervielle ; Michaux évite ainsi un doublon qui aurait été sans équivalent dans *Qui je fus*.

Page 193.

1. On sait à ce jour peu de chose sur les rapports de Michaux et d'André Gaillard (1894-1929). Dans une lettre à Jean Ballard (Pâques 1940), Michaux écrit : « Vous faites bien de consacrer de nobles études sur André Gaillard. / Le trop peu de cas que l'on fait de lui m'étonnera toujours. On est bouché, décidément, à la poésie. On veut des cadres, des lices, des miaulements ou de quoi alimenter le professorat. // Néanmoins mon étonnement subsiste et scandalisé. / Pour

moi il est un des *très* rares vrais poètes que j'ai rencontrés.»
Les deux hommes se sont peut-être vus à Port-Cros, chez
Paulhan. C'est en souvenir d'une promesse faite à Gaillard
que Michaux cherche, en 1941, à publier *Arbres des Tro-
piques* aux éditions des Cahiers du Sud (voir la Note sur le
texte de ce livre). Il est vraisemblable que Gaillard ait assuré
directement le lien entre Michaux et *Les Cahiers du Sud*,
comme il l'avait fait pour les surréalistes. Installé à Marseille
depuis le début des années 1920, il travaillait à la compagnie
de navigation Paquet, dont la publicité finançait en partie la
revue ; il en a été le grand inspirateur jusqu'à sa mort acciden-
telle. Une évocation de Georgette Camille, son amie, qui
mentionne Michaux et a écrit sur *Ecuador*, donne le ton sur
ce que fut Gaillard et la vision qu'en eut Michaux : «Nous
vivions dans un état de poésie totale» (*La Revue des revues*,
nº 16, 1993, p. 50-53).

Page 194.

1. Ces deux lignes en exergue sont signées Rivarol dans
Les Cahiers du Sud. Cette suppression viserait-elle à avouer
le jeu de fausse citation auquel aurait pu se livrer Michaux ?
Un bon connaisseur de Rivarol n'a pu la retrouver, et juge,
sans pour autant pouvoir trancher, que la frappe de la
phrase, sa syntaxe, la substantivation du «jamais arrivé»
n'en font guère une phrase «possible» au XVIIIᵉ siècle. Rap-
pelons seulement que Michaux cite le *Discours sur l'univer-
salité de la langue française* de Rivarol dans *Les Rêves et la
Jambe* (p. 101).

2. Michaux a connu Alfredo Gangotena (1904-1944) à
Paris, en 1925, dans l'entourage de Supervielle. Ils devien-
nent vite très proches ; dès cette année Gangotena invite
Michaux en Équateur. Il appartient à une grande famille de
l'aristocratie équatorienne, pour laquelle le séjour en Europe
est un rituel de classe. Installé à Paris avec une partie de sa
famille depuis le deuxième semestre de l'année 1920 pour y
faire ses études (à l'École des mines), Gangotena devient en
quelques années un poète d'expression française. Max Jacob

et Cocteau sont parmi les premiers à reconnaître ses dons et à le pousser à la publication.

3. Tite-Live emploie le mot *numicus* dans le sens de petite rivière. Les souvenirs de latin de Michaux iraient-ils jusqu'à opérer un retour aussi étrange, dans un contexte où le sens est pour le moins flottant ?

Page 195.

1. Ce texte est dédié à Jeanne G. C. dans *Les Cahiers du Sud* en juin 1926. Cette femme non identifiée est vraisemblablement la même Jeanne qui apparaît dans la première version du poème « Amours » : « Jeanne, / Toi que je ne sais ». Publié dans la *N.R.F.* en août 1928, ce poème a été écrit, tout l'atteste, fin 1927, avant le départ de Michaux pour l'Équateur. Conservé dans *Mes propriétés* en 1929, où le poème figure même sur le papillon publicitaire du livre, le prénom Jeanne disparaîtra aussi lors de la reprise du texte dans *La nuit remue* en 1935.

Page 197.

1. Dans l'une de ses premières lettres à Paulhan (s. d.), Michaux s'offre à lui dédier ses « exercices de langage, proverbes, etc. ». Il veut ainsi le remercier de l'accueil que celui-ci lui a réservé, dès leur rencontre (impossible à dater avec précision, entre fin 1922 et 1924). Le texte que Michaux écrira en hommage, à la mort de Paulhan[1], tournera autour de ses capacités extrêmes de curiosité et d'ouverture à l'autre, qui ont beaucoup aidé Michaux, surtout jusqu'à la guerre, dans ses années nomades. Le jugement de Paulhan a été pour Michaux précieux : il a longtemps été son meilleur lecteur. « ... et on attend le jugement du Grand Juge[2] ». Une amitié

1. « En songeant à l'avenir », *N.R.F.*, n° 197, mai 1969.
2. Ce sont les seuls mots d'un billet de 1937. Une anecdote, rapportée par Denis de Rougemont, donne la mesure de ce qu'ont représenté Paulhan et la *N.R.F.* pour Michaux : « Tout en haut de l'escalier intérieur qui relie les étages de la maison Gallimard, je rejoins sur le dernier palier — celui qui mène au

forte s'est ainsi développée, solide et sans à-coups, nourrie de projets partagés et d'expériences. Les deux cents lettres de Michaux à Paulhan, souvent elliptiques, difficiles à dater, mais très riches, constituent le fil rouge le plus sûr de sa vie et de son œuvre[1].

Page 201.

IV. VILLES MOUVANTES

Commerce, automne 1926.

Ce texte occupe une place importante, mais difficile à préciser, dans les premières lettres, toutes non datées, de Michaux à Paulhan. Il écrit à ce dernier (toujours sans date) : « Que vous ayez songé à lire à des amis "Villes mouvantes", c'est ce qui me touche le plus. / Que cela sorte imprimé bientôt m'est bien agréable aussi. Oui, j'accepte. Donnez donc ma prose à Commerce. »

La revue *Commerce* (cahiers trimestriels) a été fondée l'été 1924 par la princesse Marguerite Caetani de Bassiano (1880-1963), qui en assure le financement. Le comité est composé de Paul Valéry, Léon-Paul Fargue et Valery Larbaud. Paulhan y joue un rôle officieux mais important, ménageant une circulation entre *Commerce* et la *N.R.F.*, faisant passer dans chacune des deux revues des textes refusés dans l'autre. Le but non avoué, mais clair, est de servir et de cerner par des textes littéraires, français et étrangers, modernes et anciens, une tradition forgée au travers de ce que l'époque

---

bureau de la *N.R.F.* — Henri Michaux. Il m'arrête d'un geste : "Est-ce que vous sentez toujours des battements de cœur, ici, avant d'entrer chez Paulhan ? — Oh, dis-je, vous savez, j'y viens presque tous les jours, j'ai un bureau en bas, non, vraiment… — Eh bien, fait-il, le jour où je ne sentirai plus mon cœur battre avant de passer ce seuil, je me ferai honte…" » (« Henri Michaux et les idoles », *De l'ordre et de l'aventure. Mélanges offerts à Pierre Olivier Walzer*, Neuchâtel, La Baconnière, 1985, p. 187).

1. Un nombre assez important de ces lettres a été publié, en tout ou en partie, par Brigitte Ouvry-Vial (*Henri Michaux. Qui êtes-vous ?* Lyon, La Manufacture, 1989). Elles dessinent parfois jusqu'à l'ossature du poète et de son œuvre.

apporte d'essentiellement nouveau. Attaché à la revue, ne serait-ce que pour y être publié, et à la princesse de Bassiano (il la mentionne souvent dans ses lettres), Michaux y donnera jusqu'en 1932 certains de ses textes les plus importants.

Page 208.

V. PRÉDICATION

Les Cahiers du Sud, mars 1927.

Ce texte se compose à l'origine de vingt-neuf fragments. Il n'en compte plus dans *Qui je fus* que dix-huit, dont quatre ont été déplacés.

Page 211.

VI. PRINCIPES D'ENFANT

Le Disque vert, 1925 (achevé d'imprimer en juin).

Le texte se compose à l'origine de vingt et un fragments numérotés, augmentés d'un fragment en exergue. Il n'en compte plus dans *Qui je fus* que dix, dont l'ordre est de surcroît modifié, et dont la numérotation a disparu; deux de ces dix fragments sont d'autre part inédits.

Page 213.

VII. ADIEU À UNE VILLE
ET À UNE FEMME

Qui je fus, 1927.

On ne sait qui est la jeune femme désignée par les initiales « M. S. ». L'accent et l'origine uruguayenne évoqués laissent supposer quelqu'un de l'entourage des Supervielle; d'autant que Michaux utilise ici un de ses tours favoris pour désigner un lieu réel et, en même temps, le voiler et le révéler : Purkey, avec son « odeur d'huîtres », semble bien, en effet, désigner la maison que Supervielle possédait au Pickey dans le bassin d'Arcachon, où Michaux était invité à passer des vacances.

Page 216.

VIII. L'ÉPOQUE DES ILLUMINÉS

Commerce, été 1927 (avec un sous-titre : « Prophétie »).

Il est vraisemblable que les lignes qui suivent aient accompagné l'envoi de ce texte à Paulhan : « Il reste encore dans la *prophétie* ci-jointe quelques longueurs (je les corrigerais sur épreuves éventuellement) mais vous me disiez que c'était urgent. Si cela va pour *Commerce* tant mieux. Si cela ne convient pas (je n'ai pas changé là-dessus) renvoyez-le-moi tout de suite et tout simplement » (s. d.).

Page 220.

IX. POÈMES

Toute cette section était inédite avant de paraître dans *Qui je fus*, à l'exception de « Toujours son "moi" » et « Le Grand Combat ».

GLU ET GLI

« Je joins quelques petites choses qui pourraient si vous y tenez, encadrer "gli et glo" mais *point* le remplacer » (lettre à Paulhan, s. d.). Ces mots suggèrent qu'une publication de ce poème aurait été envisagée dans la *N.R.F.*

Page 222.

TOUJOURS SON « MOI »

Les Cahiers du Sud, août-septembre 1927 (sous le titre « Essoufflement »).

Le texte est accompagné d'un dessin (voir En marge de *Qui je fus*, p. 256). C'est le premier de ses textes « illustré » par Michaux.

Page 231.

LE GRAND COMBAT

La Nouvelle Revue française, 1er mai 1927.

Fondée en 1908, la *N.R.F.* a presque vingt ans d'âge au moment où Michaux y accède. C'est alors la grande revue littéraire française, au service de la « pure littérature »,

comme le proclame Jacques Rivière, quand il en prend la
direction en 1919. À la mort de Rivière, en 1925, Paulhan lui
succède (même si la revue est formellement dirigée jusqu'en
1935 par Gaston Gallimard). Paulhan animera la revue jus-
qu'à sa mort, en 1968, malgré une interruption de dix ans
provoquée par la guerre.

Dans le dialogue (réduit pour nous ici à une voix) qui
s'établit entre Michaux et Paulhan (celui-ci prenant à cœur
de distribuer les textes de Michaux ici et là), on voit se des-
siner, les premières années surtout, l'idée de ce qui convient
ou non à la *N.R.F.*, et l'image que l'un et l'autre s'en font. Il
y eut d'abord chez Michaux un sentiment d'amertume :
« Quatorze lignes de moi publiées depuis cinq ans que l'on
m'y connaît, que l'on m'y témoigne amitié et estime — c'est
tout » (15 juillet 1928). Il y eut aussi, selon Assouline[1], des
désabonnements à la *N.R.F.* après la publication du « Grand
Combat » (ce sont les quatorze lignes en question). Mais
très vite, au rythme d'environ une par an, les parutions se
succèdent : il n'y a aucune revue dans laquelle Michaux, sa
vie durant, ait publié autant, et les textes les plus divers.

1. René-Marie Hermant (1887-1936), écrivain français,
romancier, poète et critique, a été, parmi bien d'autres
choses, un collaborateur du *Disque vert* et de *Feuilles libres*.
Métreur à la S.N.C.F. puis chef dessinateur, il a fait partie des
gens que fréquente Michaux à Paris dans les années 1920 ;
mais seuls des détails allusifs permettent d'imaginer un rap-
port qui semble avoir été assez proche. Il publie en 1928,
Ballast (Grasset), recueil de nouvelles sur le milieu des che-
minots. Ses poèmes, d'inspiration populiste et libertaire, pui-
sant dans le fonds ancien de la langue, ont pu stimuler
Michaux et, dans une certaine mesure, motiver la dédicace du
« Grand Combat ». Celle-ci a été ajoutée par Michaux lors de

1. Sur la *N.R.F.*, voir Jean Lacouture, *Une adolescence dans
le siècle, Jacques Rivière et la N.R.F.*, Le Seuil, 1994, et Pierre
Assouline, *Gaston Gallimard. Un demi-siècle d'édition fran-
çaise*, p. 426.

la reprise du poème en volume, contrairement à ce qu'il fait le plus souvent, supprimant ou modifiant les dédicaces lors du passage de la revue au recueil.

Page 236.

X. FILS DE MORNE

Qui je fus, 1927.

Page 247.

En marge de « *Qui je fus* »

VERSION DE « PRINCIPES D'ENFANT »
PUBLIÉE DANS « LE DISQUE VERT » EN 1925

1. La seconde phrase de ce fragment mis en exergue réapparaît en tant que première phrase du cinquième fragment de « Prédication » dans *Les Cahiers du Sud*. Dans *Qui je fus*, ce même fragment devient le quatrième de « Prédication » ; Michaux supprime alors le fragment mis en exergue de « Principes d'enfant ».

Page 252.

TEXTES ET DESSIN PUBLIÉS
DANS « LA REVUE EUROPÉENNE »
ET DANS « LES CAHIERS DU SUD »
EN 1926 ET 1927 ET NON REPRIS DANS « QUI JE FUS »

Voir la notule de « Partages de l'homme », p. 279.

Sur le dessin accompagnant le poème « Essoufflement » (« Toujours son "moi" ») dans *Les Cahiers du Sud* en 1927 voir la notule de « Toujours son "moi" », p. 285.

BIBLIOGRAPHIE

Œuvres complètes d'Henri Michaux, édition établie par Raymond Bellour, avec Ysé Tran, « Bibliothèque de la Pléiade », Gallimard, t. I, 1998.

Ouvrages de référence

Bréchon, Robert, *Henri Michaux*, collection « La Bibliothèque idéale », Gallimard, 1959 (nouvelle édition, collection « Idées », 1969).

L'Herne : Henri Michaux, Cahier de l'Herne, n° 8, sous la direction de Raymond Bellour, 1966 (édition augmentée pour la bibliographie, 1983).

Martin, *Jean-Pierre, Henri Michaux, écritures de soi*, expatriations, José Corti, 1994.

Ouvry-Vial, Brigitte, *Henri Michaux. Qui êtes-vous ?*, Lyon, La Manufacture, 1989.

Premiers écrits

Radoux, M.-P., *Les Débuts littéraires d'Henri Michaux* (1922-1927), université catholique de Louvain, 1963, 210 p. (mémoire de licence déposé à la Bibliothèque royale de Bruxelles).

BIENAIMÉ, Dora Rigo, « Des textes avant-coureurs », *L'Herne*, 1966, p. 417-423.

BARONIAN, Jean-Baptiste, « La Période verte », *Magazine littéraire*, dossier Michaux, n° 220, juin 1985, p. 21-22.

TERRAY, Marie-Louise, « Dans l'atelier d'Henri Michaux » (texte inédit disponible auprès de la Société des lecteurs d'Henri Michaux).

Cas de folie circulaire

DÉPIERRE, Anne-Marie, « Henri Michaux : "Il se croit Maldoror." Figures et images », *Revue d'histoire littéraire de la France*, n° 5, septembre-octobre 1976, p. 794-811 [795-808].

Les Rêves et la Jambe

GOEMANS, Camille, *Le Disque vert*, 2ᵉ année, n° 1, octobre 1923, p. 28.

CREVEL, René, *Les Nouvelles littéraires*, n° 58, 24 novembre 1923, p. 4.

GÉO-CHARLES, *Montparnasse*, n° 32, avril 1924, p. 7.

BOSQUET, Alain, « Le Premier Livre d'Henri Michaux », *L'Herne*, 1966, p. 424-426.

ROGER, Jérôme, « L'Essai, ou le "style morceau d'homme" » dans *Méthodes et savoirs chez Henri Michaux*, Gérard Dessons éd., Poitiers, La Licorne, 1993, p. 9-28.

Fables des origines

ARLAND, Marcel, *La Revue européenne*, n° 11, janvier 1924, p. 77.

ARNAULD, Céline, *L'Esprit nouveau*, n° 22, n. p., [1924] (cinq lignes).

GÉO-CHARLES, *Montparnasse*, n° 32, avril 1924, p. 7.

GACHOT, François, *Philosophies*, n° 2, mai 1924, p. 222.

HELLENS, Franz, «Lettre de Belgique», *La Revue euro-péenne* (nouvelle série), n° 11, novembre 1929, p. 466-473 [470-473].

EWALD, Dieter, «Die Fabel zwischen Parabolik und Mythos : Henri Michaux», dans *Die moderne französische Fabel : Struktur und Geschichte*, s. l., Schäuble Verlag, 1977, p. 168-184 (en particulier sur «la Fourmi à l'étoile»).

Sur « Origine de la peinture »

MARTIN, Jean-Pierre, «"Origine de la peinture", incipit d'une œuvre double», *French Forum*, vol. 16, n° 3, septembre 1991, p. 329-345.

LOUBIER, Pierre, «Travail de l'origine : Michaux et la Préhistoire», dans *Les Ailleurs d'Henri Michaux*, Éric Brogniet éd., *Sources* (Namur), n° 17, octobre 1996, p. 176-186.

MIGUET, Marie, «L'Imagination mythique de Michaux dans *Fables des origines*», dans *Plis et cris du lyrisme*, Catherine Mayaux éd., L'Harmattan, 1997, p. 91-102.

Qui je fus

CLOSSON, Hermann, *Les Cahiers du Sud*, n° 96, décembre 1927, p. 408-409.

BOUNOURE, Gabriel, *La Nouvelle Revue française*, n° 172, janvier 1928, p. 125-128 (repris dans *Marelle sur le parvis*, Plon, 1958).

GAILLARD, André, *La Revue nouvelle*, n° 40, mars 1928, p. 89-90.

CASSOU, Jean, *Les Nouvelles littéraires*, n° 299, 7 juillet 1928, p. 4.

JALOUX, Edmond, *Les Nouvelles littéraires*, n° 342, 4 mai 1929, p. 3.

HELLENS, Franz, «Lettre de Belgique», *La Revue euro-*

péenne (nouvelle série), n° 11, novembre 1929, p. 466-473 [470-473].

MATHIEU, Jean-Claude, « Michaux et l'automatisme surréaliste », dans *André Breton*, Cahier de L'Herne, Michel Murat éd., 1999.

PIEYRE DE MANDIARGUES, André, « *Qui je fus* », *La Quinzaine littéraire*, dossier Michaux, n° 156, 16 janvier 1973, p. 16.

—, *Le Désordre de la mémoire. Entretiens avec Francine Mallet*, Gallimard, 1975, p. 65-67.

Sur « Glu et Gli »

BEAUJOUR, Michel, « Sens et Nonsense. "Glu et Gli" et "Le Grand Combat" », *L'Herne*, 1966, p. 133-142.

ATTAL, Jean-Pierre, « Sur un poème », *La Quinzaine littéraire*, dossier Michaux, n° 156, 16 janvier 1973, p. 14-15.

Correspondances

MICHAUX, Henri, *Si tôt lues*, lettres à Franz Hellens 1922-1952, édition établie par Leonardo Clerici, Fayard, 1999.

MICHAUX, Henri, *À la minute que j'éclate*, 43 lettres à Hermann Closson présentées et annotées par Jacques Carion, postface de Christian Bussy, Didier Devillez éd., Bruxelles, 2000.

LES RÊVES ET LA JAMBE,
FABLES DES ORIGINES
et autres textes
(1922-1926)

Table   295

ŒUVRES D'HENRI MICHAUX
1899-1984

Aux Éditions Gallimard

QUI JE FUS, 1927.

ECUADOR, 1929.

UN BARBARE EN ASIE, 1933.

LA NUIT REMUE, 1935.

VOYAGE EN GRANDE GARABAGNE, 1936.

PLUME *précédé de* LOINTAIN INTÉRIEUR, 1938.

AU PAYS DE LA MAGIE, 1941.

ARBRES DES TROPIQUES, 1942.

L'ESPACE DU DEDANS *(Pages choisies)*, 1944 (nouvelle édition en 1966).

ÉPREUVES, EXORCISMES *(1940-1944)*, 1945.

AILLEURS *(Voyage en Grande Garabagne – Au pays de la Magie – Ici, Poddema)*, 1948.

LA VIE DANS LES PLIS, 1949.

PASSAGES *(1937-1950)*, 1950 (nouvelle édition en 1963).

MOUVEMENTS, 1951.

FACE AUX VERROUS, 1954.

CONNAISSANCE PAR LES GOUFFRES, 1961.

LES GRANDES ÉPREUVES DE L'ESPRIT ET LES INNOMBRABLES PETITES, 1966.

FAÇONS D'ENDORMI, FAÇONS D'ÉVEILLÉ, 1969.

MISÉRABLE MIRACLE. *La mescaline*, (1956), 1972.

MOMENTS, TRAVERSÉES DU TEMPS, 1973.

FACE À CE QUI SE DÉROBE, 1975.

CHOIX DE POÈMES, 1976.

POTEAUX D'ANGLE, 1981.

CHEMINS CHERCHÉS, CHEMINS PERDUS, TRANS-
GRESSIONS, 1981.

DÉPLACEMENTS, DÉGAGEMENTS, 1985.

AFFRONTEMENTS, 1986.

ŒUVRES COMPLÈTES, Bibliothèque de la Pléiade, 3 vol., (1998-
2004).

Aux Éditions Flinker

PAIX DANS LES BRISEMENTS, 1959.

VENTS ET POUSSIÈRES, 1962.

Aux Éditions du Mercure de France

L'INFINI TURBULENT, 1957.

À DISTANCE, 1997.

Aux Éditions Skira

ÉMERGENCES, RÉSURGENCES, 1972.

Ce volume,
le trois cent quarante-neuvième
de la collection Poésie,
a été achevé d'imprimer sur les presses
de l'imprimerie Bussière à Saint-Amand (Cher),
le 1ᵉʳ juillet 2008.
Dépôt légal : juillet 2008.
1ᵉʳ dépôt légal dans la collection : juin 2000.
Numéro d'imprimeur : 81129.

ISBN 978-2-07-041269-3./Imprimé en France.